Wolfgang Jocher

Näher betrachtet

Über mögliche Wirkungen und sichere Nebenwirkungen ......

(c) Wolfgang Jocher
Erschienen im BOD-Verlag

Impressum

Bibliografische Information der Deutschen Nationalbibliothek: Die Deutsche Nationalbibliothek verzeichnet diese Publikation in der Deutschen Nationalbibliografie; detaillierte bibliografische Daten sind im Internet über http://dnb.d-nb.de abrufbar.

© 2017 Inhaber sämtlicher Rechte (Text, Bild, Domains, alle Marken): Mag. oec. JKU Wolfgang Jocher, wolfgang@jocher.at

Bildnachweis: Autorenfoto: © Fotostudio Berger, 4060 Leonding, Österreich

Covergestaltung: Mag. oec. JKU Wolfgang Jocher, 4490 St. Florian, Österreich

Herstellung und Verlag: BoD - Books on Demand, Norderstedt, Deutschland,

Gendererklärung: So weit möglich, wurde darauf Bedacht genommen, Damen und Herren explizit im Text anzusprechen. Wo genau dies nicht erfolgt ist, stelle ich klar, dass selbstverständlich immer Damen und Herren gleichrangig gemeint sind.

ISBN: 9 783743 136373

Inhalt

1 Themen unter der Lupe 7
   1.1 BEIPACKZETTEL 8
   1.2 KREUZFAHRT 14
   1.3 STATISTIKEN 23
   1.4 FAMILIENURLAUB 33
   1.5 FUßBALL 38
   1.6 BILDUNG 45
   1.7 WERBUNG 52
   1.8 GUTES ESSEN 57
   1.9 GEPFLEGT ESSEN 63
   1.10 GESCHWISTER 69
   1.11 MUSIKER UND KOMPONISTEN 72
   1.12 SELBER MACHEN 77
   1.13 SELBSTÄNDIGKEIT 86
   1.14 TANZKURS 93
   1.15 DENKEN UND QUERDENKEN 100
   1.16 RATSCHLÄGE 104
   1.17 MÜSSEN 108
   1.18 POSITIV DENKEN UND FORMULIEREN 113

2 Nachwort 116

1 Themen unter der Lupe

Hier und da lohnt es sich einen näheren neugierigen Blick auf langfristig und / oder unkritisch erlernte und eingefahrene Denk- und Verhaltensmuster zu werfen. Eventuell andere Sichtweisen nachzufragen oder auch nur zufällig offenen Auges und offenen Herzens wahrzunehmen hat sicher seinen eigenen Reiz.

Ob Sie solche subjektiv neuen bzw. anderen Ansätze anschließend verwerfen, sich ihnen allenfalls mit Vorbehalt nähern, oder sie sich vielleicht in abgewandelter Form oder gar unverändert aneignen werden, entscheiden Sie ganz alleine für sich.

In diesem Sinn erhebt das vorliegende Buch keinesfalls den Anspruch eine Art Anleitung für glückliches Leben oder Ähnliches zu sein. Ein bisschen Nachdenken und gelegentliches Schmunzeln allerdings soll damit zumindest erreicht werden.

Die Reihung der Themen ist übrigens rein zufällig gewählt, so kunterbunt, wie das Leben nun mal spielt.

1.1 Beipackzettel

Beipackzettel kennen wir aus dem Bereich der Fertigmedikamente. Jedem Fertigmedikament ist so ein Beipackzettel beigepackt, der über Ein- und Beschränkungen, Indikationen und Kontraindikationen, geplante Wirkungen und erstaunliche Nebenwirkungen, Dosierungen, etc. so informiert, dass bei einem Schiefgehen der Anwendung nur der Patient schuld sein kann. Er wurde ja vor einem Herzinfarkt gewarnt, der bei 10.000 Patienten ein Mal auftreten kann. Medikament dennoch eingenommen? So what, selbst schuld!

Es liegt natürlich klar auf der Hand: Schäden sollen von Verbrauchern und Verbraucherinnen abgewendet werden und sie sollen vor möglichst allen Gefahren gewarnt werden, die von den benützten Produkten ausgehen könnten. Aber mit diesem Anspruch schützen sich auch die Produzenten und Händler vor Schadensersatzansprüchen der Verbraucher und Verbraucherinnen.

Nehmen wir als Beispiel die Zigarettenpackungen. Seit einiger Zeit müssen auf den Packungen groß und deutlich Warnhinweise aufgedruckt sein, dass Rauchen schädlich ist oder gar tödlich sein kann. Das muss auch noch mit ebenfalls aufgedruckten eindrucksvollen Bildern zusätzlich verdeutlicht werden. Ist deswegen der Zigarettenkonsum sooo massiv oder überhaupt zurückgegangen? Mitnichten! Denn "kluge" Raucher und Raucherinnen verstecken die so verunzierten Zigarettenpackungen in schicken Täschchen und blocken damit jene aus ihrer Sicht unerwünschten und gruseligen Botschaften, die sie bei jedem Griff nach einer Zigarette an die umfassenden Gefahren durch Teer und Nikotin erinnern sollen.

Massiv zurückgegangen sind allerdings Schadensersatzprozesse. Geschädigte oder Erben von durch Zigarettenkonsum Getöteten hatten ja vor allem in den USA riesige Summen von Tabakkonzernen gefordert und dann gerichtlich auch zugesprochen erhalten. Nun kann kein Raucher und keine Raucherin mehr ernsthaft behaupten, er oder sie wären über die verheerenden Wirkungen von Nikotin und Teer im Unklaren gelassen worden! Aha, clever!

Was auf einem Beipackzettel für ein Fertigmedikament stehen muss, ergibt sich übrigens aus der Richtlinie 2001/83/EG, Artikel 59. Dort ist unter anderem sogar auch festgelegt, in welcher Reihenfolge die entsprechenden Informationen angeführt sein müssen. Sehr komplette Hinweise dazu finden Sie hier:

https://de.wikipedia.org/wiki/Packungsbeilag

Viele Beipackzettel (und Bedienungsanleitungen) beginnen so:

"Herzliche Gratulation! Sie Haben sich für unser Produkt abc bzw. für unsere Dienstleistung xyz entschieden, die wir mit besonderer Sorgfalt und gemäß unseren bekannt hohen Qualitätsansprüchen für Sie produzieren bzw. bereitstellen. Wir freuen uns ganz besonders, nun auch Sie zu unseren zufriedenen Kunden und Kundinnen zählen zu dürfen."

Na, was sagen Sie? Da kann doch kein Nachentscheidungsbedauern hochkommen, alles richtig gemacht, toll gehandelt! Etwas teuer war es ja schon, aber was soll's, Qualität ist schon was wert!

Der korrekte Text müsste unter Realitätsbezug aber so lauten:

"Sie haben es leider nicht geschafft, trotz des Überangebots am Markt eine für Sie wirklich passende Problemlösung zu erwerben. Bis unser Produkt bzw. unsere Dienstleistung wirklich fertig entwickelt sein wird, fehlen uns zwar noch einige

Schritte. Aber wenn Sie die folgenden Anweisungen genau beachten, dann werden Sie trotzdem durch die Anwendung unseres Produktes / unserer Dienstleistung kaum Schaden nehmen. Sollte das dennoch vorkommen, so trifft uns keine Schuld."

Umfassende Forschungen haben nämlich ergeben, dass die klassische Produkt- bzw. Lösungsentwicklung drei Stufen kennt:

Primitiv -> kompliziert -> einfach.

Viele Produktentwicklungen bleiben allerdings in der Stufe "kompliziert" hängen. Im galoppierenden technischen Fortschritt fehlen ganz einfach Zeit, Wille und Ressourcen, etwas in Richtung "Einfachheit" weiter bzw. fertig zu entwickeln. Also weg mit dem bisherigen Komplizierten, die neue Lösung ist bereits im Anflug bzw. hat schon aufgeschlagen, mit dem neuen Beipackzettel, versteht sich. "Time to Market auf ein Minimum beschränken" lautet die Devise.

Beipackzettel zu jedem Klacks fördern den Gehorsam und die Tendenz zur kritiklosen Pflichterfüllung. Sie geben kaum Anreize zum kritischen Auseinandersetzen mit etwas Neuem ohne vorher

Verhaltensmaßregeln dazu zumindest gelesen zu haben.

Fehlende Beipackzettel können daher auch zu einem gefühlten Mangel und in weiterer Folge zu einem Gefühl der Ungewissheit, der Unsicherheit führen. Man will ja als Nutzer alles richtig machen und vor allem auch gerade **die** eine herausragende und in der Werbung so besonders gepriesene Funktion verwenden und den damit verbundenen Kundennutzen auch tatsächlich und sofort umfassend für sich in Anspruch nehmen.

Verhaltensmaßregeln entwickeln sich immer mehr zu einer Bringschuld für den Hersteller zugunsten des Anwenders. Alles ist vorzugeben und sozusagen vorzukauen. Wie und woher sonst sollte z.B. auch der stolze Eigner eines neuen Keyboards von der Unverträglichkeit seines Instruments mit Flüssigkeiten aller Art wissen, und dass er den Netzstecker ziehen soll, wenn es aus dem Instrument irgendwo heraus raucht, und dass es zu Gehörschäden kommen kann, wenn er dauernd zu laut spielt! Von Gehörschäden, die durch **falsches** Spiel ausgelöst werden, findet sich allerdings in der gesamten Dokumentation des Keyboards kein einziges Wort!

So nebenbei besteht die Gefahr, dass durch die ständigen Belehrungen via Beipackzettel das logische Denken überhaupt verlernt wird bzw. dass es zum Verzicht auf das Anwenden von Ergebnissen eigener gefühlt logischer Denkprozesse kommen kann: "Eigentlich hätte ich ja gedacht, dass dies und jenes..., aber hier steht ja ausdrücklich, dass das anders, nämlich so uns so...." Ist also etwas gemäß Beipackzettel scheinbar nicht wirklich verboten, dann mache ich das, wie ich glaube. So sind wir das ja auch auf der Grundlage unserer liberalen Rechtsordnung gewohnt: "Alles ist erlaubt, was nicht ausdrücklich verboten ist".

Volksverdummung durch Beipackzettel, darauf sollte es eine Behandlung auf Krankenschein geben. Vielleicht kommt es noch so weit.

1.2 Kreuzfahrt

"So 'ne Kreuzfahrt, die ist lustig, so 'ne Kreuzfahrt, die ist schön!" Ja, genau, da wollte ich schon immer mal dabei sein. Doch auch hier lauert einiges, vor dem jeder Kreuzfahrer und jede Kreuzfahrerin zumindest gewarnt wenn nicht sogar gewappnet sein sollte.

Eine zünftige Kreuzfahrt besteht abgesehen vom üblichen Vorlauf (Diskussion und Entscheidung wozu und wofür und der unumgänglichen Buchung) aus folgenden Teilen:

- Anreise
- Einchecken
- Kabine suchen
- Sein Gepäck irgendwie in der meistens viel zu kleinen Kabine verstauen und sich "häuslich" einrichten, soweit das möglich ist.
- Im Rahmen eines privaten "Orientierungslaufes" den Weg zu den Restaurants, zum Oberdeck, Bar, Lounge,... - wohin auch immer - suchen und hoffentlich auch finden.
- Seinen Nachbarn begegnen (nämlich denen von zu Hause).

Es gibt Schiffe von "S" bis "XXXXL". Das gewählte Schiff kann sich neu, alt oder auch nur neu gestrichen präsentieren. Manche haben sogar Masten und Segel, oh, wie schön! Übrigens bedeutet "Steuerbord" immer rechts (in Fahrtrichtung) und "Backbord" immer links. Der Kapitän weiß das übrigens ganz genau, denn er hat für den Notfall in seiner Kabine im Tresor ein Blatt Papier eingeschlossen, und darauf steht schwarz auf weiß, was Sache ist (sagt man!).

Auf Kreuzfahrtschiffen mit Masten und Segeln gibt es parallel zu "Steuerbord" und "Backbord" die Begriffe "Luv" und "Lee". "Luv" bezeichnet die dem Wind zugewandte Seite des Schiffes, "Lee" im Gegensatz dazu die dem Wind abgewandte Seite des Schiffes. Weil sich also Luv und Lee nach der aktuell gegebenen Windrichtung bestimmen, kann man auch keine Luv- oder Leekabine buchen sondern immer nur eine Steuerbord- oder Backbordkabine. Einleuchtend, oder?

Der absolute Boss (GEO) an Bord ist übrigens der stolze Kapitän. Der schrullige Kreuzfahrtdirektor oder die attraktive Chefhostess spielen nur Rollen darunter. Das ist ganz wichtig, denn sich gegen den Kapitän aufzulehnen könnte als Meuterei missverstanden werden.

Kreuzfahren kann man auf Flüssen oder auf dem Meer. Mehr Landschaft sieht man natürlich auf einer Flusskreuzfahrt, allerdings gibt dort der Fluss auch die Fahrtrichtung vor. Es geht daher in solchen Fällen statt kreuz und quer immer nur stromaufwärts oder stromabwärts. Richtigerweise müsste daher eine Flusskreuzfahrt "Flusshinundherfahrt" oder auch "Flussraufundrunterfahrt" heißen.

Bei dieser Gelegenheit sei auch ein Gedanke an die Bezeichnung "Kreuzfahrt" gestattet. Warum heißt das eigentlich so? Wenn man die Routen typischer Kreuzfahrten betrachtet, dann handelt es sich doch mehrheitlich um "Rundfahrten", oder?

Sollte es bei einer Kreuzfahrt wider Erwarten einmal nach unten gehen, dann hat entweder das Schiff oder der Kapitän einen irreparablen Defekt oder man hat versehentlich auf dem U-Boot eingecheckt, das blöderweise am selben Pier, aber leider auf der anderen Seite vertäut gelegen war.

Bekannterweise hat ein Kreuzfahrtschiff dieselben Vorteile wie ein Schneckenhaus: Man hat es immer dabei, das ständige Ein- und Auspacken des Gepäcks entfällt.

Je älter bzw. je single und/oder je finanziell gepolsterter, desto besser. Für FKK-Anhänger ist eine Kreuzfahrt nicht ganz empfehlenswert. Heilfasten gelingt auf einer Kreuzfahrt kaum, aber zur Nachbereitung kann es jedenfalls empfohlen werden.

Eine besondere Gefahr liegt auch darin, die falsche Region zur falschen Jahreszeit für eine Kreuzfahrt ausgesucht zu haben. Solche meistens deswegen preiswerteren Kreuzfahrten inkludieren dann z.b. auch den Mistral, jenen kalten Fallwind, der je nach regionaler Verteilung des Luftdrucks durch das Rhonetal kommend bis in den westlichen Mittelmeerraum hinein fegt, oder einen veritablen Hurrikan.

Je populärer Kreuzfahrten werden, desto größer ist auch die Wahrscheinlichkeit, alle möglichen Nachbarn, Verwandte und Bekannte zu treffen. Das reduziert dann leider auch die Chance, nach der Rückkehr glaubwürdig mit dem irrsinnigen Sturm, dem tollen Captain's Dinner, den herrlichen Willkommenscocktails und der auch nach der Kreuzfahrt aus eigener Erfahrung unbekannten Seekrankheit zu prahlen.

Ganz schwierig wird es, wenn die verflossene Dame des Herzens oder der abtrünnige Galan plötzlich auf der Bildfläche erscheint. Da muss man heldenhaft durch, jedenfalls bis zum nächsten Hafen ist man dieser unangenehmen Situation hilf- und heillos ausgeliefert. Das sind dann auch die Stoffe, von denen die Drehbuchautoren für Traumschiffe aller Art leben.

Die Schiffsbar hat auch ihre Tücken. Abgesehen von der Gefahr des Versackens ergibt sich gerne speziell zu vorgerückter Stunde die Gelegenheit zu intensiven klärenden Gesprächen, bevorzugt auch zu politischen Fragestellungen oder zu Themen des Leistungssports unter besonderer Berücksichtigung der Abteilung "Fußball".

Je weiter übrigens ein bestimmter Punkt auf einem Schiff von dessen Schwerpunkt entfernt liegt, desto intensiver sind die Schiffsbewegungen dort spürbar. Kabinen am Bug und Heck und je weiter oben bewegen sich daher stärker als Kabinen unten mittschiffs. Unter diesen Aspekten wäre eine Innenkabine unten mittschiffs anzuraten. Allerdings verfügen Innenkabinen über keine Fenster und auch über keine Balkone, sie sind daher nur zum Schlafen gedacht.

Einen Störfaktor ersten Ranges stellt die Seekrankheit dar. Da sich die Symptome jedoch zumindest auf den ersten Blick kaum von jenen der Folgen des zu vielen Essens und / oder des zu vielen Alkohols ("All Inklusive"!) unterscheiden, liegt es nahe, lieber das Schiff unter besonderer Berücksichtigung des Wellenganges für die betreffende Unpässlichkeit verantwortlich zu machen anstatt sich die eigene Zügellosigkeit oder Unberechenbarkeit einzugestehen. Nach unbestätigten Aussagen von Experten ist übrigens die Dunkelziffer in diesem Zusammenhang mehr der minder hoch. Ich meine allerdings, dass die Dunkelziffer schon alleine deswegen hoch ist, weil sich wohl niemand gerne beim Ausleben der Seekrankheit (manche würden hier deftigere Bezeichnungen für die Umkehrungsfunktion der Nahrungsaufnahme wählen) zuschauen lässt. Daher also "Dunkelziffer".

Sollte das Missgeschick passieren auf Deck von einem akuten Anfall an Seekrankheit ereilt zu werden (echte Lords und Ladies sprechen in solchen Fällen gerne auch von "Imperativem Reihern"), dann sollte man dies jedenfalls in Windrichtung tun. War die Reling zu weit entfernt gewesen empfiehlt es der gute Ton, jemanden vom Deckpersonal zeitnah darüber zu informieren, um andere Gäste vor dem Hineintreten und / oder Ausrutschen zu bewahren!

Ernste Besorgnisse gesundheitlicher Art sind jedenfalls unbegründet, der Schiffsarzt ist in solchen Fällen gewiss gerne behilflich.

Ein gröberes Problem bilden da schon unerwartete Gewichtszunahmen, denn speziell in alkoholischen Getränken verbergen sich nämlich Unmengen dieser kleinen Kalorienbiester. Die Angst jedoch, dass das Schiff durch die Summe der Gewichtszunahmen aller Kreuzfahrtgäste zu schwer werden und daher sinken könnte, hat sich bisher als völlig unbegründet herausgestellt.

Dann gibt es da noch die Kategorie der angeblich doofen anderen Kreuzfahrer. Da haben Sie z.B. eine teure Balkonkabine gebucht, aber der pfeifende Kettenraucher, ähh, der kettende Pfeifenraucher, ähh, die kettenrauchende Pfeife in der benachbarten, aus Ihrer Sicht bugnäheren Balkonkabine auf der selben Rumpfseite hat es in und um sich. Er raucht wohl um des lieben Friedens willen bzw. seiner besseren Hälfte zuliebe wahrscheinlich wie auch zu Hause nur auf dem Balkon, und das geht Ihnen bald ganz schön auf den Geist.

Wurde eine Suite mit Balkon und Meerblick gebucht, dann kann beim Liegen im Hafen der Meerblick mitunter entfallen. Dafür entschädigt dann der ungehinderte Mehrblick auf eine in dezentem grau gehaltene Kaimauer in unmittelbarer Griffnähe.

Nach einer durchzechten Nacht in der Bar (man hat ja schließlich "All Inklusive" gebucht) kann es durchaus sein, dass man von morgendlichen Fitness schinden wollenden Joggern geweckt wird.

In diesem Fall heißt es "Ruhe bewahren", denn die sind gleich wieder weg - und kommen in ein paar Minuten wieder, denn ein Schiff ist schließlich keine Einbahnstraße sondern ein Rundkurs für die Jogger!

Und da sind dann noch die beliebten Landausflüge, die gerne ins Geld gehen. Aber man will ja was sehen und auch das eine oder andere Souvenir mitbringen. Wer weiß, wann man wieder hierher kommt.

Die Wirkungen von Kreuzfahrten reichen von krampflösend, "Ahh" und "Ohh" bis zur ungezähmten Heiterkeit und sind weiters abhängig vom Wetter und von den Mitreisenden und von auftretender Seekrankheit.

Bei Überdosierung von Kreuzfahrten ergeben sich mögliche Engpässe im Regelfall aus den zu geringen Dimensionen der frei verfügbaren privaten Liquidität und der frei verfügbaren Zeit. Es gibt viele Menschen, die entweder dies oder das haben, beides zu haben trifft eher selten zu. Es ist wohl genau so wie im echten Leben. Es gibt viele kühne **oder** alte Bergsteiger, aber leider nur wenige alte **und** kühne!

Sich den Neid anderer zu erwerben, kann ein harter Job sein. Vielleicht lauschte auch das Finanzamt beim Buchen mit oder vielleicht treffen Sie sogar Ihren Finanzamtsreferenten oder Ihren Bankbetreuer, dem Sie bisher erfolgreich immer Ihre Armut verklickert haben.

Zu erwähnen bleibt noch die latente Suchtgefahr nach noch mehr Kreuzfahrten. Der Weg "wieder zurück" in die Realität - so ferne sich Ihre eigene normale Realität von der Realität der gerade konsumierten Kreuzfahrt signifikant unterscheidet - kann leider sehr schwierig sein und wird mitunter leidvoll erfahren.

1.3 Statistiken

Das Leben zeigt sich in Rationalem (Zahlen, Daten, Fakten) und in Irrationalem (Gefühle, Einschätzungen, Unschärfen). Beides ist gleich wichtig, wenn auch viele Zahlenmenschen den irrationalen Part des Geschehens gerne hinwegwischen wollen.

Sicher kennen Sie auch die folgende Weisheit: "Glaube nie einer Statistik, die Du nicht selbst .... ähh... hast!" Genauer formuliert sollte es heißen: "Glaube nur einer Statistik, deren Zweck Du selbst definiert hast, deren Grunddaten Du erstens selbst ausgewählt und zweitens selbst erhoben hast und wenn Du aus dem so entstandenen Datenpool selbst die wesentlichen Informationen zusammengefügt hast".

Wieso "Grunddaten" und "Informationen", das ist doch dasselbe? Mitnichten (gendergerecht müsste es an sich heißen: "Mit Nichten und Neffen", aber das ist eine andere Baustelle)!

Das folgende Beispiel möge in der Lage sein, das zu veranschaulichen. Legen wir uns auf eine beliebige Zahl fest, sagen wir also "5". Musterschüler, wie ich auch einer war, zucken bei dieser Ziffer immer noch gerne zusammen, auch wenn das auslösende Moment schon lange zurückliegt. Können Sie damit schon etwas anfangen, ist das z.B. viel oder wenig?

Sie sehen, fühlen, ahnen schon, da fehlt etwas. Fügen wir also das Wort "Grad" hinzu. Aha, jetzt ist alles klar, die ersten Hände zucken in die Höhe "Das ist was mit Temperatur!" "Warum? Ich bin Segler, da kenne ich mich aus! Das ist ein geographischer Kompasskurs, den ich mit meinem Schiff segeln könnte".

Au weia, wieder daneben! Abgesehen von weiteren Interpretationsmöglichkeiten (z.B. Stammwürze, Neigung eines Hanges, ...) sei das Geheimnis ein wenig mehr gelüftet: "Ja, also von mir aus, es ist Temperatur". "Aha, also doch, hab' ich es doch gewusst!" Aber ich bin hartnäckig: "Ist das nun viel oder wenig?". "Na ja, hmmmm,...", also doch noch zu wenig, oder?

Hier kommt ein weiterer Baustein: Lufttemperatur! "Jetzt aber! Ganz schön frisch!" Gemach, gemach, es ist natürlich noch ungeklärt, wann und wo diese Lufttemperatur gemessen worden ist. Na gut, ich bin ja kein Spielverderber und will Sie auch nicht zu lange hinhalten: "Diese Temperatur wurde auf 2.800 Meter Seehöhe gegen Ende November gemessen".

Erst jetzt liegt eine fertige Information vor und es ist daher nun möglich das Messergebnis mit einem erstaunten "Ui, dort oben ist es aber warm gewesen!" zu bewerten.

Die Erkenntnis liegt auf der Hand. Nur penible sprachliche Genauigkeit führt zu richtigen Informationen, zu richtigen Interpretationen, zu richtigen Entscheidungen, zu richtigen Handlungen, was auch immer. Mit gutem Grund beschäftigen sich Wissenschafter und Wissenschafterinnen daher so ausführlich mit diffizilen Begriffsbestimmungen, bevor sie über ein bestimmtes Thema im Detail reden oder sich zu einer konkreten Aussage hinreißen lassen!

In Zahlen gefasste Ergebnisse aus Untersuchungen werden zum Beispiel auf Papier, in Dateien... an die Auftraggeber bzw. an die Adressaten herangetragen. Ganz besonders beliebt sind auch Grafiken in allen möglichen Formen und Farben.

Ernsthaft angelegt wird das Ganze durch eine umfassende ergänzende Darstellung der begrifflichen Basis für die Grunddaten abgerundet. Wenn man dann noch lesen könnte, wie allfällige untersuchte Stichproben gebildet worden sind, mit welchen Fragen die Daten erhoben worden sind, wie die Interviews abgelaufen sind und wie die Grunddaten anschließend miteinander verknüpft worden sind, dann könnte sich jeder ein Bild über die Seriosität der Untersuchung und das Zusammenpassen der dargestellten Ergebnisse machen. Aber so?

Statistiken sind für all jene geeignet und auch notwendig, die rationale Erklärungen für bestimmte Zusammenhänge herausfiltern möchten. Auch auf den ersten Blick unvermutete Abhängigkeiten zwischen offenbar sehr weit entfernten Variablen lassen sich damit sehr robust darstellen.

Gerne wird mit Hilfe von Statistiken manipuliert. Je nach Auftraggeber besteht die Gefahr oder auch die Tendenz, alleine schon die Fragestellung so zu formulieren, dass bereits am Beginn das Ergebnis relativ genau festliegt oder zumindest zu erahnen ist.

Ein ganz besonders heißes Thema beschreibt das Umsetzen von Zahlenkolonnen in anschauliche und einleuchtende Grafiken unter Verwendung der Skalierungen, Formen, Strichstärken und Farben. Sogar die Entscheidung, ob Tortengrafiken, Balken oder Säulen oder einfache Linienzüge das Ergebnis darstellen sollen, kann manipulative Aspekte erkennen lassen und manipulative Erfordernisse abdecken. So kann man sehr elegant Informationen über die emotionale

Schiene ein bisschen verbiegen zwischen: "Ach was, ist doch gar nicht so arg" obwohl dem ganz und gar nicht so ist, bis zu: "Oh, super toll!", obwohl dem ebenso ganz und gar nicht so ist.

Im Buch von Michael von Dexheim: „Symbiose der Macht - Ein medizinischer Insider packt aus" (Sensei-Verlag) - übrigens auch zitiert im Internet (Suchbegriff: "Krebs und blaue Socken") - wird vom Ergebnis einer Studie berichtet, gemäß derer die Wahrscheinlichkeit an Prostatakrebs zu sterben geringer ist, wenn man blaue Socken trägt. Was bitte, wie?

Auch solche absurde Zusammenhänge sind statistisch jederzeit nachweisbar, wenn man nur die "richtigen" Daten "richtig" zu Informationen zusammenfügt und eventuell einen Wissenschafter dazu bewegen kann, seinen Namen für so etwas herzugeben. Solche Ergebnisse sind vergleichbar mit Leckereien wie zum Beispiel Palatschinken gefüllt mit Marillenmarmelade, scharfem Senf und Essiggurkerl. Wenn Sie als Nichtösterreicher das nächste Mal in Österreich urlauben, dann nützen Sie unbedingt die Gelegenheit, einen Einheimischen nach der Übersetzung dieses grenzgenialen Rezepts in andere Formen der Deutschen Sprache zu fragen.

Beim Interpretieren speziell von Statistiken, die auf Gefahren aufmerksam machen wollen, werden gelegentlich - ob absichtlich oder unabsichtlich ist weithin unbekannt - die Begriffe "Erhöhung des Risikos" und "Tatsächliche Fallentwicklung" vermischt, sodass beim Adressaten der Information ein völlig falscher Eindruck über das tatsächliche Gefahrenpotenzial entsteht.

Dazu folgendes erdachtes Beispiel:

Nehmen wir an, aus einer Studie gehe hervor, dass sich das Risiko einer Ansteckung mit irgendetwas aufgrund des Fortführens irgendwelcher Lebensgewohnheiten um 50% erhöht. Der unbedarfte Leser wird nun total verschreckt aufspringen: "Ach, du meine Güte, um Himmels willen!"

Richtig interpretiert und genau gelesen steckt dahinter, dass sich das bisherige Ansteckungsrisiko von angenommen bisher 0,2% um 50% auf nunmehr 0,3% erhöht. Das bedeutet, dass sich von 1000 (eintausend) Menschen bisher statistisch korrekt erhoben 2 (zwei) angesteckt haben und dass sich nun 1 Mensch mehr, also 3 (drei), von 1000 Menschen mit der untersuchten Krankheit anstecken könnten (die Möglichkeitsform steht hier übrigens deswegen, weil es sich ja um ein Risiko, also eine Möglichkeit, handelt).

Daher kann man nun sofort alle Warnleuchten ausschalten, tief Luft holen, Blutdruck und Herzfrequenz herunter fahren, und sich entspannt wieder hinsetzen.

Bevor man also statistisch ermittelten Risiken interpretiert sollte man (sich selbst) immer zuerst die Frage stellen: "Was bedeutet das berichtete Risiko (z.B. 0,2% bzw. 0,3%) im Bezug auf tatsächliche Fallzahlen in Relation zur berichteten Grundgesamtheit (z.B. 1000 Menschen)?".

Nun lade ich Sie zu einer interessanten Übung ein. Bitte beantworten Sie folgende Frage spontan aus dem Gefühl heraus und jedenfalls ohne langes Nachdenken: "Was ist mehr? 0,2 Prozent oder 2 Promille?"

Statistiken generieren Wissen, egal welches. Grafiken erzeugen hingegen in erster Linie Gefühle aller Art. Oft unterbleibt das Hinterfragen z.B. einer dicken, knallroten, steil abwärts führenden Linie, die auf den ersten Blick schockierend und bedrohlich aussieht. Dick und grün und steil nach oben führend gibt es im Gegensatz dazu natürlich auch. Auf den ersten Blick scheint es sich um eine positive Entwicklung zu handeln, es kann aber auch Negatives bedeuten.

Immer dann, wenn die Ergebnisse einer statistischen Erhebung das Herausbewegen aus der eigenen gefühlten Komfortzone rational angeraten erscheinen lassen sollten, wird es heikel. Soll ich oder soll ich doch noch nicht wirklich? Oder frei nach Karl Valentin: "Wissen tät' ich schon, dass ich eigentlich sollte, aber zum Wollen fehlt mir ganz einfach die Kraft bzw. der Tritt in den Allerwertesten".

Unter Hinweis auf einschlägige wissenschaftliche Studien und auf die daraus resultierenden Statistiken unter besonderer Berücksichtigung Ihrer Laborwerte meint etwa Ihr Hausarzt z.B.: "Abnehmen, weniger Alkohol, nicht mehr rauchen, mehr Bewegung!" Ja, um Himmels Willen, geht's noch? Empfiehlt der Hausarzt, einfühlsam wie er nun einmal ist, "Alkohol in Maßen", dann haben Sie bereits gewonnen. Denn ab nun können Sie Bier Maßweise trinken!!!

Ähnlich liegt der Fall, wenn eine Statistik Zusammenhänge und Ergebnisse von geradezu unglaublicher Unglaublichkeit hervorbringt. "Aber nein, ein solches Ergebnis kann doch nicht...., also wirklich, bestimmt ist da alles falsch und getürkt und verdreht. Wer ist der Auftraggeber? Aha, schon wieder der...!" Na eben, ich habe es ja gewusst!"

Aber - Hand auf's Herz - wie soll denn nun Otto Normalverbraucher wirklich herausfinden, welche Statistiken ernst zu nehmen sind?

Bei Verdacht auf Überfrachtung mit Statistiken hilft nur die Inanspruchnahme von Hilfe aus dem Außen. In Betracht kommt die Konsultation eines Psychologen, in schwereren Fällen der Besuch bei einem Psychotherapeuten. Manchmal hilft allerdings auch schon ein Schluck "aus der Pulle" oder das Anhören eines Liedes mit seichtem Text beim Abbau statistisch getriggerter Emotionen.

Häufig entsteht Verzweiflung über die Notwendigkeit zu allen möglichen Themen immer wieder entscheiden zu müssen, was nun für einen selbst richtig sei. Ist es das, was die eine Statistik als Antwort auf eine von jemand anderem vorgebrachte Fragestellung sagt, oder was die andere Statistik dazu sagt oder was die weitere andere Statistik dazu sagt, oder das, was mein Bauch dazu meint, oder gar, was das Internet dazu hergibt, oder mein Hausarzt oder andere ausgewiesene Experten vom Stammtisch dazu meinen?

Ein oft verborgen bleibender unerwünschter (?) Nebeneffekt liegt im konsequenten Aberziehen der Fähigkeit, den eigenen Gefühlen Raum zu geben und / oder Ungenauigkeiten mit Gelassenheit in Kauf zu nehmen. So ist aber das reale Leben.

Alles nur in Zahlen, Daten und Fakten hineinzupacken bedeutet Verzicht auf die andere Seite des Lebens, im Extremfall den Verzicht auf das Schuwiduwidu!

1.4 Familienurlaub

Oh, warum schon wieder, wir waren doch erst gerade? Wohin fahren wir denn nun, und vor allem auch wann und wie und für wie lange, und wer zahlt das Ganze?

Möglich sind prinzipiell alle Formen der physischen Distanzüberwindung mit der Absicht, längere Zeit oder zumindest ein paar Tage von zu Hause wegzubleiben. Die Verfügbarkeit des Internet gestattet sowieso jederzeit den Kontakt zur Heimat, den Kontakt zu allen Friends on FaceBook- und Twitteraccounts.... Und man will ja schließlich auch im Urlaub "Likes" vergeben und einsammeln.

Für Workaholics ist Urlaub generell und natürlich auch Familienurlaub die wahre Hölle. Ständig ist das I-Dingsbums im Visier, es könnte ja gerade im Urlaub der entscheidende große Wurf möglich sein, der Verleger anrufen, der Plattenboss oder wer auch immer. Vielleicht ist es aber auch nur das Finanzamt, das um einen Termin zwecks Steuerprüfung vorstellig wird.

Abhängig von der Zusammensetzung der Urlauberfamilienreisegruppe kann es, richtig angepackt, ein ganz toller Urlaub werden. Aber auch im anderen Fall wird die Erinnerung daran jedenfalls niemals verblassen.

Mitfahren könnten zunächst einmal alle Zahler und Zahlerinnen, egal ob Onkel, Tanten, Opas, Omas, Papas, Mamas, Lebenspartner, Lebenspartnerinnen, Freundinnen, Freunde. Einzuladen - im wahrsten Sinne des Wortes - sind selbstverständlich auch alle Kinder, diese am besten allerdings vor der Pubertät. Ungeeignet sind Familienurlaube für Dauerarbeiter und Dauerarbeiterinnen und alle sonstigen Störenfriede und -innen. Und Hund "Waldi" muss auch mit, ja selbstvernatürlich, und ob!

Man sollte jedenfalls nur mit Familienmitgliedern urlauben, mit denen man sich verträgt. Denn gemeinsamer Urlaub ist ganz sicher eine ungeeignete Rahmenhandlung für beziehungstherapeutische Aktionen, und seien sie noch so gut gemeint.

Das Nichtberücksichtigen oder das Hinunterschlucken von gefühltem Ignorieren der eigenen Interessen oder der Interessen einzelner TeilnehmerInnen führt ebenfalls zu unvergesslichen Urlaubserlebnissen und - erinnerungen. Hier kann präventiv vorgesorgt werden, indem von vorne herein festgelegt wird: "Beim nächsten Mal kommen Eure Wünsche dran". Wenn das jedoch dann im Sinne einer Dauerwerbeaufschrift auf einem Wirtshaus: "Morgen gibt es Freibier!" gelebt wird, könnten sich die Betroffenen verschaukelt fühlen.

Einige Probleme können entstehen, wenn aus Liquiditätsgründen eine zum Zahlen auserkorene Person an der Urlaubsaktion teilnehmen soll, der man unter günstigeren Umständen das Mitfahren jedenfalls verwehrt hätte. Besonders eskalationsträchtig wird die Situation, wenn diese Person erst am Urlaubsziel über ihre eigentliche Funktion aufgeklärt wird, auch wenn der hierzu erforderliche Informationstransfer sehr schonend und unter Einsatz rhetorisch bestens geschulter Mitreisender erstklassig umgesetzt werden sollte.

Pubertierende Kinder sind im Kontext eines Familienurlaubs ebenfalls ein Risikofaktor ersten Ranges. Doch es gibt Abhilfe! Man urlaube in einem Familienhotel, in dem z.B. alle Kinder mittags an einem eigenen gemeinsamen Tisch sitzen, und zwar auf jeden Fall ohne Eltern. Ferner lege man besonderes Augenmerk auf fachkundige, nervenstarke, die Pubertät berücksichtigende kindgerechte Betreuung der kleinen Indianer und Prinzessinnen.

Noch ein paar Sätze zum Thema "mitreisender Hund". Wird er bellen, wenn er alleine im fremden Hotelzimmer ausharren muss? Wird ihm die ungewohnte Nahrung ohne Folgen schmecken? Wird er die fremdsprachige Tierärztin verstehen, wenn es sein muss?

Die temporäre Unerreichbarkeit Einzelner über elektronische Medien kann zu längerfristigen Harmoniestörungen aller Art und / oder zum Ausbruch origineller Verhaltensmuster führen. Betroffen sind hier nicht nur die Erwachsenen, sondern ganz stark die Jugend. Es könnte ja sein, dass der Freund der Tochter die einwöchige Abstinenz nicht aushält und sich anders orientiert. Da helfen keine Argumente wie: "Es war halt noch nicht der Richtige." Aus, Ende, Katastrophe, fertig!

Bei allen besprochenen Risiken wurden in Einzelfällen doch auch Versöhnungshandlungen und Versuche zu klärenden Gesprächen publik. Auf Automatismen in diese Richtung zu hoffen kann allerdings verfehlt sein, denn viel öfter sind genau gegenteilige Tendenzen zu bemerken.

Urlaubsflirts sind ebenfalls ein Thema. Die Regenbogenpresse und vor allem die dort aktiven Briefkastentanten und -onkel und manchmal auch Scheidungsanwälte profitieren übrigens und leben (nicht nur, aber doch auch) ganz gut von aus dem Ruder gelaufenen Urlaubsflirts.

Das ständige Zusammensein der Familie im gemeinsamen Urlaub generiert mitunter Sprengstoff. Viele Beziehungen funktionieren nämlich nur, weil sich die Lebenspartner - in welcher formalrechtlichen Konstellation auch immer - täglich nur relativ kurze Zeit sehen und dann die gemeinsame Zeit mit Essen und Fernsehen und Computerspielen verbringen. Da hat dann Familienurlaub schon etwas Herausforderndes.

1.5 Fußball

In jedem durch Fußball getriebenen Land gibt es genau so viele kompetente Fußballtrainer, wie das Land Einwohner hat. Diese Sichtweise gilt unter anderem auch für Politiker, Wetterfrösche, und natürlich auch für alle Sportkommentatoren etc., alles männlich und weiblich, versteht sich.

Betrachten wir zunächst den Fußball an sich in seiner Körperlichkeit als Ball in der Form einer federnd aber dennoch definiert prall mit Luft gefüllten Kugel genormten Ausmaßes. Nur besondere Kugeln, die mit Luft gefüllt sind, dürfen sich auch tatsächlich "Fußball" nennen. Die technischen Vorschriften der FIFA regeln genau, was durchgeht und was nicht. Der Umfang des Balles, der innere Luftdruck und das Gewicht des Balles gehören zu den entscheidenden Merkmalen.

Neben der technischen Ausführung kommt auch der grafischen Gestaltung der Oberfläche des Fußballs eminente Bedeutung zu. Unterstreicht man dadurch doch den Anlass, für den genau dieser Ball designed worden ist und generiert auf diese Art unerwartete Kaufwünsche. Denn welcher Fußballfan verzichtet schon gerne auf genau diesen WM-Ball! Wo kämen wir denn andererseits hin, wenn ein schlichter Ball so mir nichts dir nichts im Fernsehen auftreten dürfte! Im Radio ist es egal, denn da hört man den Ball nur.

Übrigens ist der Ball bei winterlichen Spielbedingungen gerne anders als weiß eingefärbt und auch bei den Spielerdressen werden eher zur Farbe weiß harmonierende Kontrastfarben gewählt. Bei Nebel allerdings hilft das kaum, und daher kommt es zu erheblichen Überraschungseffekten, wenn bei Nebel dennoch gespielt wird.

Ein Fußball verhält sich Gott sei Dank immer passiv. Denn nur so kann er die vielen auf ihn einprasselnden Fußtritte und Kopfstöße aushalten. Würde er losgelassen und ungezähmt alles zurückgeben, was er so in seiner Lebenszeit erlitten und erlebt hat bzw. einstecken musste, na denn Prost, Mahlzeit!

Beim Fußballspiel selbst unterscheiden wir die aktive und die passive Darreichungsform. Kennzeichnend für die passive Ausprägung ist Fußball in und auf allen Kanälen. Life im Fußballstadion, Life auf dem Tablet oder I-Dingsbums oder im Fernsehen, manchmal bis selten bzw. wenn es gar nicht anders geht auch im Radio kann man Fußball konsumieren. Am besten geht das natürlich stilgerecht im sportlichen Outfit, der passende Schal lässig umgebunden und der Vereinswimpel begeistert geschwungen. Wer nun glaubt, das sei unsportlich, dem sei gesagt, dass alleine schon die damit verbundene Aufregung für höchsten Kalorienverbrauch sorgt. Verbunden mit den Kaubewegungen beim Zerkleinern von Chips "to go" wird ein veritables Fußballereignis schon sehr anstrengend erlebt. Und dann kommen noch die intensiven Atemzüge dazu, ohne die anfeuernde oder auch nur motivierende, aber jedenfalls als unbedingt nötig eingeschätzte Zurufe wie "Jetzt bewege endlich Deinen A...., Du f.... S..!" schier unmöglich wären. Der Weg solcher Ausrufe in den Platzlautsprecher ist allerdings verschlossen, ungehört verhallen sie daher im Nirwana.

Zu bedenken ist auch noch, dass sich der Passivfußballer kaum selbst bewegen kann (selbst wenn er wollte), wenn er eingekeilt zwischen seinen Kumpels auf dem viel zu engen Sofa oder auf einer Bank in der Stammkneipe hockt. Daher ist es nur recht und billig, wenn sich andere statt seiner und für ihn gefälligst in rasantem Tempo bewegen. Logisch!

Ganz anders, nämlich genügsam und asketisch, verhalten sich da die "echten" Sportler auf dem Rasen. Ihnen ist es aus unerfindlichen Gründen verboten, während des Spiels dauernd und ausgiebig zu essen und zu trinken. Und es ist auch völlig unverständlich, dass man ihnen nur einen einzigen Ball zubilligt. Hätte nämlich jeder einen, dann wäre das explizite Bemühen der armen Fußballer um den einzig verfügbaren Ball auf dem Feld für immer und ewig vorbei. Aber so.... Vielleicht wären dann wirklich alle Fußballer arme Fußballer, wer weiß?

Sie laufen also und sie laufen daher, so schnell sie können (was viele Zuschauer gar nicht bemerken) um beispielsweise rasch zum Spielerdinner zu kommen. Sie laufen aber auch, damit sie sogar bei Regen und Schneefall warm bleiben und um also einer Erkältung vorzubeugen.

Im Stadion sei gewarnt vor rüpelhaftem Benehmen einzelner Zuschauer. Da ist von Verletzungen bis zum Taschendiebstahl relativ viel möglich. Wenn es regnet und der kalte Wind weht, merkt man kaltes Bier im Genick übrigens weniger intensiv als bei sengendem Sonnenschein. Bei sengender Hitze wiederum wird wahrscheinlich heißer Tee weniger gespürt werden. Aber wer trinkt schon im Hochsommer heißen Tee im Fußballstadion?

Sollte man wie auch immer versehentlich in den gegnerischen Zuschauersektor gelangt sein, so vermeidet man dort Handgreiflichkeiten, indem man auf Outings als dem gegnerischen Lager zugehörig konsequent verzichtet. Das Umsetzen dieser List erfordert einiges Geschick und möglicherweise auch intensives Vorausdenken sowie jedenfalls ein hohes Maß an Toleranz hinsichtlich abfälliger Kommentare in Richtung der "eigenen" Mannschaft. Schon ein falscher Schal oder eine irritierende Kappe oder auch nur eine einzige Bemerkung zum "Gegner": "Also nein, Sie .....!!" kann zur Enttarnung führen, aber dann, aber hallo!

Zu Hause gereichen verschüttetes Bier sowie zerbröselte Chips aller Art in Kombination mit der Entrüstung der ansonsten heiß geliebten Gattin zur Unbill. Die Höhe der unerwarteten Anzahl von anwesenden enthusiastischen oder bedrückten Freunden (je nachdem) kann zusätzlich geeignet sein, die interfamiliäre Aufregung überproportional zu befeuern.

Sportlich gesehen können gefühlt unkompetente Schiedsrichter, Trainer und Kommentatoren sowie gefühlt lahme Spieler alles vermiesen. Die rennen einfach für ihr Geld zu wenig, diese ......!

Sensible und verständnisarme Nachbarn können durch wiederholtes lautes, verzweifeltes oder beglücktes Schreien (im Falle des Spielkonsums vor dem Fernseher) so irritiert werden, dass sie Gegenmaßnahmen setzen und damit den eigenen Genuss markant beeinträchtigen. Ganz besonders unangenehm wird das Ganze, wenn Nachbarn für die gegnerische Mannschaft schreien, weinen, was auch immer. Für Außenstehende (z.B. für ahnungslose Passanten) hört sich so eine Konstellation an wie ein Kanon zwischen Sturm und Hochdruckwetter.

Enthusiastische Euphorie (im schlimmsten Fall ausgelebt im Vollrausch) kann die Folge eines Sieges der favorisierten Mannschaft sein. Sie wird dann ins Unermessliche steigen, wenn der Sieg entweder überhaupt unerwartet oder unerwartet hoch ausgefallen ist oder das entscheidende Tor in der letzten Minute der Nachspielzeit erzielt werden konnte.

Im anderen Fall droht Niedergeschlagenheit (es heißt ja auch: Niederlage), auf alle Fälle zumindest erhöhte Reizbarkeit. Als sinnvollste Therapieform hat sich die gezielte Abstinenz von Fußballereignissen herausgestellt.

Mehr als ein Fernsehprogramm auf einem einzigen Fernseher verfügbar zu haben beherbergt an sich schon Konfliktpotenzial. Wenn dann auch tatsächlich die ansonsten heiß geliebte Gattin oder Frau des Lebens während eines dringenden Fußballspiels ein Liebesdrama sehen möchte, dann kocht das Ganze hoch, auch wenn der Fußballfan unter Tränen wissend bzw. vorausahnend erklärt, dass das Liebesdrama wie immer gut ausgehen wird und dass sich garantiert jene bekommen werden, die sich laut Drehbuch bekommen sollen. Denn schließlich wissen ja der Intendant, der Produzent, der Regisseur, die Kameraleute, und vor allem auch die SchauspielerInnen, was von ihnen erwartet wird bzw. was sie zu erreichen haben. Nein, nein, alles vergebliche Anstrengungen. Auch wenn händeringend betont wird, dass der Ausgang eines Fußballspiels im Gegensatz zum verfilmten Liebesdrama ungewiss ist: "Nein, nein, wirklich alles vergeblich!"

Das Verdrängen wirklich wichtiger Inhalte aus dem Leben zugunsten global relevanter Fußballgeschehnisse kann ganz ordentlich einschlagen. Es kann aber daran auch gelernt werden, gemeinsam mal das eine und dann wieder das andere Programm zu sehen, also gelegentlich Teilverzicht zugunsten des / der anderen und letztlich zum eigenen Vorteil zu üben.

1.6 Bildung

Wir reden hier tatsächlich von "Bildung" als das einen Menschen insgesamt und umfassend formende Element. Bildung befähigt ihn heute und in Zukunft auf neue und bislang unbekannte Herausforderungen selbständig und eigenverantwortlich zu reagieren. Ein gebildeter Mensch kann außerdem Informationsdefizite erkennen und fehlende Informationen selbständig einholen. Klarerweise wirkt sich eine solide Grundausstattung mit Intelligenz unterstützend dabei aus.

Wenn Politiker und Politikerinnen über "Bildung" reden, meinen sie allerdings meistens "Ausbildung". Sie meinen, das alleine reiche aus um ein von außen vorgegebenes berufliches Anforderungsprofil nachhaltig und verlässlich abzudecken. Und sie meinen daher scheinbar folgerichtig, das alleine reiche aus um ein guter Mitarbeiter zu sein oder als Selbständige(r) dauerhaft erfolgreich agieren zu können.

Die erste und wohl nachhaltigste Bildungspille im Leben eines Menschen heißt "Erziehung". Die Erkenntnis, dass Erziehung nur durch Nachahmung funktioniert, sei allen folgenden Überlegungen vorangestellt. Genau so, wie sich nämlich das Kleinkind die "Muttersprache" (aha, da haben wir auch schon ein Indiz für die Nachahmungstheorie!) durch Nachplappern aneignet (oder haben Sie schon einmal ein Kleinkind gesehen, das seine Muttersprache anhand eines Grammatikbuches oder anhand eines Vokabelheftes erlernt?), nimmt es auch Verhaltensmuster und Werthaltungen von den umgebenden Bezugspersonen auf. Dies geschieht umso lieber, je aufregender das auf das Kind wirkt, was das Vorbild aufführt.

Daher wird das Erziehen von Kindern mitunter auch als recht anstrengend empfunden, denn auch das "Sich gehen lassen" der Vorbilder wird vom Kind dankend sofort als "coole" Leitlinie eingespeichert.

Als vorbildhaft gedachte Handlungen können nur dann wahrgenommen werden, wenn sie auch tatsächlich durch die Bezugsperson(en) immer wieder vorgelebt und auf diese Weise permanent gezeigt werden. In diesem Sinn ist auch die Aussage des bekannten Psychologen und Lebenslehrers Robert Betz zu sehen: "Wenn Ihre Kinder verhaltensauffällig sind, dann kommen Sie statt Ihrer Kinder lieber selbst!"

Wichtige Bezugsperson zu sein und zu bleiben und gleichzeitig sich selbst auch immer wieder zu hinterfragen und zu disziplinieren, das ist schon ziemlich mühevoll. Ein Kind kann ja kaum nach-

vollziehen, warum es sich im Restaurant anderes
- nämlich "anständig" - benehmen soll, während
es zu Hause beim Essen drunter und drüber geht
und jeder in der Familie während des gemeinsamen Essens beliebig herumläuft, mit dem Handy spielt und herumschreit.

Bildung beginnt demnach also wirklich in der Familie, denn dort werden auch die ersten Werthaltungen vermittelt. Entscheidend ist dabei die vom Kind gefühlte maßgebliche Bezugsperson, die durchaus von Personen wie Vater und Mutter abweichen kann und die dazu noch situativ vom Kind gewechselt wird. Große Brüder und Schwestern, Oma und Opa, Onkel und Tante kommen dafür unter anderem in Frage. Dann folgt Kindergarten und Schule, meistens in enger Verschränkung mit der maßgeblichen Glaubensgemeinschaft.

Nach und nach gewinnen dann auch andere Einflüsse und Einflüsterer von außen an Bedeutung. Die KindergartenpädagogInnen und LehrerInnen wie auch die meistens gleichaltrigen Mitglieder der jeweiligen Klassengemeinschaft sowie Freunde und Freundinnen aus der Nachbarschaft (und aus dem Internet) bieten vielfältige Möglichkeiten, deren Werte und Werthaltungen als "cool" oder "uncool" zu bewerten, gegebenenfalls zu übernehmen und dem bisher aufgebauten Wertekorsett zuzuordnen oder auch entgegenzusetzen. Zu meiner Kinderzeit gab es übrigens im Kindergarten die "Kindergartentante" bzw. die "Tante Hilde" etc.. Mit dieser Bezeichnung wurde der menschliche Aspekt des Daseins im Kindergarten auch entsprechend hervorgehoben. Bildung stand damals noch an erster Stelle und fand für die kleinen Kinder auch wirklich in erster Linie innerhalb der Familien statt, die Ausbildung der Kleinen startete dann erst in der Schule.

Medien, vor allem die verbotenen, formen den jungen Menschen zusätzlich und runden dann den Wertecocktail nach unten oder manchmal auch nach oben ab. Das Internet bietet dafür reichliche und vor allem ungeahnte Möglichkeiten. Das Eingehen auf die Diskrepanz zwischen dem gerne angezogenen Bildungsauftrag des Fernsehens und dem gleichzeitigen Abstreiten des Einflusses des Fernsehens auf Werthaltungen und auf Verhaltensmuster durch jede Menge Quoten heischende Krimis mit Mord und Totschlag sparen wir uns an dieser Stelle.

Wir sehen also, Bildung ist ein umfassendes lebenslanges Projekt, garniert mit einer gehörigen Portion Eigendynamik. Bildung ist weiters unverzichtbare Voraussetzung für die Integration in Gemeinschaften, und es kann sich auch niemand wirklich dagegen wehren, denn Bildung passiert einfach. So verändert sich im Verlauf jedes Gesprächs der Bildungsstatus jener Personen, die da miteinander kommunizieren. Manchmal geschieht das unmerklich im Mikrogedankenbereich, manchmal aber auch markant!

Ganz klar ist zu sagen, dass allgemeingültige Maßstäbe fehlen um nachvollziehbar im wissenschaftlichen Sinn zu bewerten, ob jemand gebildet ist oder nicht. Ob jemand als gebildet oder ungebildet erlebt wird hängt hingegen von den Werthaltungen ab, die in der unmittelbaren Lebensumgebung und -situation aktuell sind. Jemand, der z.b. im Bezug auf die USA als gebildet gilt, kann in Deutschland durchaus als ungebildet abgelehnt werden.

Die aktuell gültige Wertelandschaft standhaft zu ignorieren führt daher langfristig zum Ausschluss aus der umgebenden Gemeinschaft. Es kann ein Außenstehender nämlich kaum erwarten, dass sich eine gewachsene Gemeinschaft an den Werthaltungen des oder der Neuen orientiert.

Bildung zeigt sich nach außen im Benehmen eines Menschen und in der Art, wie er auf andere zugeht und auf andere wirkt. Vielleicht ist das auch eher die Hauptwirkung als die Nebenwirkung (aber das ist ja auch bei Medikamenten manchmal unklar).

Wenn sich also jemand im Bezug zu der ihn umgebenden Wertelandschaft im weitesten Sinn adäquat verhält, dann wird der Kontakt zu und mit ihm als "angenehm" empfunden werden. Andere Menschen werden sich in seiner Nähe wohl fühlen, weil er sich eben nach den gegebenen Auffassungen "zu benehmen" weiß. Er wird erfolgreich auf andere Menschen zugehen können und er wird auch relativ einfach neue Kontakte knüpfen und anschließend festigen können.

Sehr negativ wirkt sich hingegen aus, wenn sich Menschen in für sie fremden Kulturkreisen bewegen und dabei Respekt, Einfühlungsvermögen und Takt weitgehend vermissen lassen. Wenn jemand von einem Kulturkreis in einen anderen wechselt, dann wird es deswegen zuweilen kritisch. Das geschieht einerseits temporär im Urlaub. Manche Urlauber meinen, das Urlaubsland habe sich im Verhalten und Angebot gefälligst an den von zu Hause gewohnten Umgebungsbedingungen zu orientieren, denn sie - die Urlauber - zahlen ja. Leider wurde das in der Vergangenheit viel zu oft toleriert, um den Gast bei Komm- und Konsumlaune zu halten. Das Entstehen der legendären "Ballermann-Kneipe" auf Mallorca diene als unrühmlicher Beweis dafür. Das Ganze wird aber zu einem echten Problem, wenn dieser Jemand dauerhaft irgendwo einwandert und Respekt vor der fremden Kultur im weitesten Sinne vermissen lässt. Ohne Respekt des Einwanderers wird es kaum gehen, schlussendlich ist aber beiderseitiger Respekt und Achtung nötig um ernst gemeinte und nachhaltige Eingliederung zu ermöglich.

Mir kommt dazu der Uraltsong von Chris Howland in den Sinn: "Das hab' ich in Paris gelernt, und zwar im Handumdreh'n,...", nämlich jedenfalls gutes Benehmen, höfliche Umgangsformen, stilvolles Essen und Trinken, usw..

1.7 Werbung

Es kann durchaus sein, dass Sie Werbung stört. Dieses schier unglaubliche Phänomen wurde zwischen 1968 und 1972 im Rahmen eines Seminars im Wahlfach "Psychologie" zur betriebswirtschaftlichen Studienrichtung anhand einer kleinen Felduntersuchung an der heutigen Johannes Kepler-Universität in Linz (Österreich) mit folgendem erstaunlichem Ergebnis bearbeitet:

Ein Großteil der Probanden und Probandinnen empfand Werbung zumindest entbehrlich oder manchmal sogar zum Kotzen. Anderseits wollten aber die meisten selbstverständlich intensiv werben, wenn sie selbst ein Produkt zu verkaufen hätten. Also, was nun? Hand aufs Herz: Was würden denn Sie veranstalten um bemerkt zu werden, weil Sie etwas aus Ihrer Sicht ganz Tolles zum Verkaufen hätten?

Eine spezielle Variante ist das "product placement", was ab und an auch gerne als "Produktplatzierungen" - wie z.B. im Radioprogramm des Österreichischen Rundfunks - bezeichnet wird. Oder haben Sie bisher geglaubt, dass es Zufall ist, wenn eine bestimmte Automarke mehr oder weniger wild durch die Szene kurvt oder dazu benützt wird, um ein Liebespaar an einen romantischen Ort mit Blick über das Meer zu bringen um dann gemeinsam einen betörenden Sonnenuntergang - oder auch mehr - zu erleben? Seither wissen alle, dass so was mit Quattro und Turbo oder SUV am besten funktioniert.

Ein besonders spezielles Ereignis hat sich angeblich im Vatikan abgespielt. Wie Sie vielleicht wissen, heißt es im lateinischen Vater-unser-Gebet "... fiat voluntas tua... " (= es geschehe Dein Wille). Aha, "Fiat", Produktplacement, und das auch noch dazu in Italien! Also reiste eine umfassende Delegation mehrerer bekannter Autohersteller zum Pabst und begehrte das Wort "Fiat" aus dem lateinischen Vater-unser-Gebet zu entfernen und gegebenenfalls durch eine andere Marke zu ersetzen. Bis heute ist das nicht gelungen! Was, Sie bezweifeln das? Ich auch, aber gut erfunden ist es doch, oder?

Werbung wird uns mediengerecht auf fast allen Kanälen der Sinneswahrnehmung serviert. Bis jedoch Geruchsmedien flächendeckend für Werbezwecke verfügbar sein werden, ist noch etwas Geduld angesagt. Bis dahin müssen wir uns damit begnügen, dass "einem das stinkt", was da manchmal so dargeboten wird. Andererseits werden manchmal auch wirklich erstklassige Werbespots gebracht, die als Beispiele für Originalität,

Qualität, etwas in vorgegebener Zeit "auf den Punkt bringen" auch langfristig Bestand haben.

Werbung ist angeblich immer für bestimmte Zielgruppen bestimmt. Ob die wirklich dort die beabsichtigten Kaufentscheidungen herbeigeführt hat, zeigt sich meistens erst im Nachhinein, wenn das Budget dafür verbraucht ist. Wenn Werbung punktgenau wie vorbestimmt angekommen ist, dann war die betreffende Campagne jedenfalls für den am besten geeignet, der damit geworben hat.

Manchmal könnte man allerdings meinen, dass mit einem Maschinengewehr ohne konkretes Ziel in den Wald hinein geschossen wird in der Hoffnung irgendwas zu treffen. Vol daneben? Na gut, dann nehmen wir ab heute eben eine etwas kräftigere Waffengattung. Was, immer noch daneben oder zu kurz? Sofort nochmals nachlegen!

Der mediale Beweis dafür wird im Dauerwerbefernsehen abgebildet. Weil dafür offenbar Werbezeit genug vorhanden ist kann man nämlich da erhöhten Kaufdruck erzeugen, indem man "gratis" Zusatzgeräte dazu bekommt, wenn man "jetzt sofort" bei einem der gerade noch verbliebenen 8 Stück Super-Sonderangebotspakete "zuschlägt". Hopp, hopp, gemma, gemma, hurtig, hurtig, denn die Telefone laufen heiß! Nur noch heute, aber ganz bestimmt!

Eine gerne von ihm gegebene Wortspende eines bekannten Bankdirektors lautete: "Zu viel sein kann es nie". Bei Werbung kann das allerdings schon sein. Denn wer zu viel Druck macht, erzeugt womöglich Angst, und Angst ist nur bei Versicherungsprodukten ein wirklich produktiver Entscheidungstreiber.

Gelegentlich kommt es auch zum Überschreiten der Grenzen zwischen gutem Geschmack und Dummheit, Anmaßung, Unsensibilität und Ignorieren von signifikanten anerkannten Werthaltungen, etc..

Ständige Unterbrechungen eines aufregenden Films, einer interessanten Diskussion, einer spannenden (Life-Sport)-Veranstaltung z.b. im Fernsehen werden allzu leicht als Störungen empfunden. Damit wird gerade das Gegenteil dessen erreicht, was ursprünglich beabsichtigt war, nämlich Ärger und Ablehnung anstatt Interesse und Zuspruch. Denn niemand kann innerhalb von 30 Minuten - abgesehen von seltenen Ausnahmefällen - zum mehrmaligen Besuch der Toilette gezwungen sein, sodass eingeschaltete Werbung als geradezu willkommene Abwechslungspause erlebt wird. Dass Werbeeinschaltungen für zwei ähnliche Produkte oder Dienstleistungen unterschiedlicher Marken unmittelbar hintereinander ausgestrahlt werden kommt allerdings interessanterweise kaum vor.

Ein versehentlich ausgelöster Boom kann zu Finanzierungs- und / oder Lieferengpässen auf der Anbieterseite führen. Aber auch floppende Werbung ist denkbar, sie führt dann zu anbieterseitigen Umsatzeinbußen und im Nachschlag zu Ertragsproblemen. Es mag jeder für sich selbst entscheiden, welches er für das kleinere Problem hält.

Im besten Fall sollte sich lang anhaltende, mit den finanziellen Möglichkeiten und den Lieferkapazitäten des werbenden Unternehmens kompatible und weitgehend preisunempfindliche Nachfrage schon kurz nach den ersten Werbeschaltungen einstellen.

1.8 Gutes Essen

Ah, nun kommen wir endlich zu etwas Genussvollem. Doch hier gilt (leider) der Grundsatz:

Alles, was gut schmeckt (im weitesten Sinn, versteht sich), ist entweder gesundheitsschädlich, macht dick, schädigt die Umwelt und die Leber und verlangt nach mehr oder weniger intensiver angeblich gesunder, aber unerwünschter Bewegung zum Ausgleich unerwünschter bzw. unerwarteter Nebeneffekte. Na bumm, da haben wir den Salat!

Andererseits gönnt man sich so etwas ohnehin nur hier und da, na, eben! Es kann aber auch daran liegen, dass die Halbwertszeit der Erinnerung an Genuss mit zunehmendem Alter immer kürzer wird. Gehen wir einmal locker davon aus, dass das, was da optisch so ansprechend angerichtet auf dem Teller liegt, auch wirklich sehr gut schmecken wird.

Wichtig ist auch das angenehme Ambiente. Dazu gehören jedenfalls gedämpftes Licht, Kerzen, ruhige Hintergrundmusik, schöne und dezent duftende Menschen in gepflegter Kleidung, allseits kultivierte Tischmanieren, elegantes und unaufdringliches Service, kein Handy weit und breit, kein Chef und keine Chefin weit und breit, und ich mitten drin, wow! Über die Rechnung reden wir später, man hat ja Kreditkarte!

Übrigens: Insekten sind im Anflug! Richtig motiviert und angewendet könnten Transportkosten eingespart werden, wenn es nämlich gelingt, die flugfähigen und flugwilligen Insekten selbst mit eigenem Antrieb (wahrscheinlich allerdings kaum aus eigenem Antrieb) vom Stall zum Herd fliegen zu lassen.

Je schlanker, desto besser. Manche Menschen können essen, was sie wollen, aber sie halten ihr Körpergewicht dennoch konstant. Sehr viel mehr Menschen allerdings können essen, was sie wollen, doch sie steigern dennoch ihr Körpergewicht konstant!

Es ist eben alles eine Frage des Stoffwechsels oder auch eine Frage der Körpergröße. Denn sehr viele übergewichtige Menschen sind einfach zu klein. Der Bodymaßindex (BMI) zeigt das ganz deutlich, denn er lebt von der mathematischen Verknüpfung von Körpergröße und Gewicht. Und auch die Anbieter von Schlankheitskuren leben vom BMI recht gut, weil mit dem individuellen BMI auch Signalwirkungen verbunden sind. An den Signalschwellen kann man nun auf der Basis wissenschaftlicher Untersuchungen sehr elegant drehen und Angst und Schrecken verbreiten sowie ertragsträchtige Kaufentscheidungen auslösen.

Manche Menschen vertragen nur Gerichte, in deren Rezeptur gewisse Stoffe fehlen. Die Gastronomie ist aber mittlerweile gerne dazu bereit, die Gäste über allergene Inhaltsstoffe zu informieren. Große Gefährdungspotenziale stellen auch das enthaltene Fett und vor allem auch versteckter Zucker dar. Wer zum Nachtisch etwa eine Kardinalschnitte (da ist an Fett und Zucker alles enthalten, was ein Mensch so über den Tag benötigt) und dazu einen Kaffee, aber bitte mit Süßstoff, bestellt, der bekundet damit rationale Wissensdefizite oder er hat ein Problem mit seinem eigenen Image. Um nochmals auf die Kardinalschnitte hinzuweisen: Der guten Ordnung halber sei hier in aller Deutlichkeit festgehalten: "Es gibt selbstverständlich auch schlanke Kardinäle!"

Irgendwann ist zu erwarten, dass vor jedem Restaurant eine Tafel hängen muss mit der Aufschrift:

> "Achtung! Essen und trinken kann ihre Gesundheit gefährden. Nicht zu essen und nicht zu trinken gefährdet aber Ihre Gesundheit ebenfalls. Also treten Sie ein und lassen Sie es ich bei uns gut gehen!"

Als Belohnung für gutes Essen stellen sich die Gefühle satt, müde, matt und faul umgehend ein. Diese Gefühle bringen Gelassenheit und hellen mit hoher Wahrscheinlichkeit die Stimmung auf, was dann am besten gelingt, wenn man eingeladen war.

Bei Selbstzahlern hängt es vom Umfang des Geldbeutels und der eigenen Toleranz ab, wie stark dämpfend sich eine gefühlt unerwartet üppige Konsumationsrechnung auf die soeben mühsam erarbeitete Hochstimmung auswirkt. In besonders schweren Fällen reicht jeder einfühlsame Gastwirt gerne ein "Schnapserl aufs Haus". Von der positiven Wirkung des Bezahlvorganges auf den Kreislauf des Selbstzahlers und noch stärker bei jenem des Für-Andere-Zahlers haben Sie sicher auch schon gehört. Denn schwungvoller Kreislauf fördert die Verdauung und reduziert daher die Gewichtszunahme nach einer ausgedehnten Mahlzeit auf jeden Fall um mindestens drei Gramm!

Das hirn- und sinnlose Durchmischen der einzelnen Komponenten einer Gesamtmahlzeit inklusive der dazu passenden oder unpassenden Getränke kann Unpässlichkeiten aller Art erzeugen. Außerdem bestimmt das Beachten von Höchstmengen das Feeling danach entscheidend. Auch hier gilt also: Die Menge macht's! Denken beim

Essen und Trinken kann hingegen dazu beitragen, dass man sich sofort nach dem Aufheben der Tafel und auch ein paar Stunden danach noch wohl fühlt. Bei leichten Befindlichkeitsstörungen hilft zunächst ein diskretes Bäuerchen eventuell unter allfälliger besonderer Berücksichtigung eines gesunden "Schnapserls" weiter. In Härtefällen kommt der Eisbeutel zum Einsatz.

Für das Bekämpfen des Brummschädels am nächsten Morgen gibt es eine Reihe bewährter Hausmittel. Glaubt man eingefleischten Experten, dann ist es am vernünftigsten, wenn man am Morgen danach gleich wieder mit Alkohol loslegt, denn Restalkohol soll ja tunlichst vermieden werden!!!

Die durch Bewegung abgebauten Kalorien sollten sich mit den zu sich genommenen Kalorien etwa die Waage halten. Bei zu wenig Bewegung wird man nämlich zunehmen, und nur bei zu viel Bewegung wird man abnehmen. Die Effekte überzogen angehäufter Kalorien lassen sich nach diesem Muster also ganz leicht mit Hilfe entsprechender zusätzlicher "überzogener" Bewegung wieder abbauen. Doch wer will und kann das schon?

Ein fetter Bauch ist außerdem teuer. Manche sagen sogar, es wäre langfristig gesehen Selbstmord auf Raten. Andere wieder - vor allem die Herren der Schöpfung - sehen im fetten Bauch gerne ein Symbol ihrer Stattlichkeit, vor allem dann, wenn sonst nichts mehr geht.

Dem als stattlich positiv dargestellten Bauch ist entgegenzuhalten, dass so ein Vorbau verschiedene Aktivitäten sehr beschwerlich werden lässt oder gar verhindert. Das beginnt mit dem An- und Ausziehen der Strümpfe und erstreckt sich weiter auf das An- und Ausziehen der Schuhe. Höflichkeit wird schwierig, denn man kann sich nicht einmal mehr ordentlich verbeugen. Ein fetter Bauch fördert auch einen roten Kopf, und der Kopf des bislang besten männlichen Teils verschwindet nur allzu leicht in den Sorgenfalten unterhalb des Nabels. Er implodiert sozusagen und es fehlt ihm dann die Größe, sich unter den Zeichen der neuen männlichen Stattlichkeit nochmals hervorzutrauen. Kletterer würden nach der Welzenbach-Skala sagen: "Überhängend, daher Schwierigkeitsgrad sex".

1.9 Gepflegt Essen

Wir legen in diesem Kapitel unser Hauptaugenmerk nun auf das "Wie essen". Denn gepflegtes Essen hat kaum etwas damit zu tun, was man isst, sondern es handelt sich um eine Frage des persönlichen Stils. Man kann schließlich auch ein einfaches Butterbrot so oder so zu sich nehmen. Man beachte auch immer wieder den Unterschied zwischen "Essen" bzw. "Speisen" und bloßer "Kalorienaufnahme".

Der guten Ordnung halber sei festgehalten, dass sich die folgenden Ausführungen an den Gewohnheiten orientieren, die hier bei uns in Mitteleuropa als kultiviert gelten. Andere Regionen mögen andere Sitten und Gebräuche haben.

Das regelmäßige Konsumieren von Speisen und Getränken zählt immerhin zu den signifikant lebenserhaltenden Notwendigkeiten allererster Ordnung. Daher macht es schon Sinn, sich diesen bedeutenden Handlungen mit respektvoller Haltung zu nähern und damit auch dem Landwirt bzw. dem Jäger und dem Fischer sowie der hoffentlich kreativen aber jedenfalls emsigen Küchenbrigade und den immer auf dem Laufenden befindlichen Kellnerinnen und Kellnern den gebührenden Respekt zu zollen. Auch dort, wo

Mutter und hier und da Vater entweder für sich selbst oder zusätzlich für ihren Nachwuchs aufkochen und auftischen erscheint wiederkehrende Wertschätzung zu Lasten mehrmals täglicher Selbstverständlichkeit jedenfalls und ebenfalls angebracht.

Wer gepflegt essen möchte, braucht dazu einen schön gedeckten Tisch. Aber auf Damasttischdecke, Silberbesteck, Porzellangeschirr mit Goldrand und Gläser aus Kristallglas kann durchaus verzichtet werden, denn meist geht es eher um Kleinigkeiten. Es reicht vielleicht schon, wenn etwa Konfitüre statt im 250 Gramm-Pappbecher aus dem Supermarkt in einem etwas edleren Gefäß dargeboten wird oder die Butter außerhalb ihrer Folienverpackung auf einem kleinen Teller liegt. Es sieht auch gut aus, wenn mit Vorlegebesteck anstatt per Hand oder mit der eigenen Gabel hantiert werden kann und wird. Stellt man noch eine oder sogar zwei Kerzen dazu, die auch noch angezündet worden sind, dann weist das schon auf eine gehobene Tischkultur hin. Kleine Details haben eben große Wirkung. Und man spürt auch jederzeit und sofort, wenn ein Tisch mit Liebe und Hingabe gedeckt worden ist.

Wenn man übrigens so ein Handy (I-Dingsbums) genau betrachtet, dann kommt man drauf, dass man damit weder eine Suppe löffeln, noch ein

Steak schneiden oder etwas aufspießen und zum Mund führen kann, ja, man kann daraus nicht einmal trinken. Da also das Handy (I-Dingsbums) wegen seiner Nutzlosigkeit beim Essen völlig zu Recht in der Bestandsliste eines Tischgedecks fehlt, kann man es getrost von Tisch verbannen, ebenso wie z.b. auch eine Zeitung. Alles, was beim Essen und Trinken entbehrlich ist, kann sich also gerne ausgeschaltet bzw. zusammengefaltet und nur mit Aufstehen erreichbar am besten uneinsehbar auf einem Nebenlagerplatz befinden.

Und wenn sich erst dann alle zum Tisch setzen, wenn der Tisch fertig gedeckt ist, dann beginnt das gemeinsame Mahl schon mit einem kleinen Ritual. Sollte vor allen Dingen den Kindern die Wartezeit zu lange werden, dann können sie beim Decken des Tisches jederzeit gerne mithelfen (was sie an sich ohnehin tun sollten).

Gepflegtes Essen bedeutet gemeinsames Essen! Wenn jeder kommt und geht, wann es ihm passt, dann entfällt die dazu notwendige Entschleunigung, es unterbleiben dann auch meistens die so wichtigen anregenden Tischgespräche.

Das gilt übrigens auch für die Mütter. Wenn Salz fehlt, dann fehlt es eben. Jeder kann mit diesem Manko leben und es ist daher entbehrlich, dass Mutter sofort aufspringt um es nachzuapportieren. Auch Mutter hat nämlich ein Anrecht darauf ohne Hast und Hektik und ohne Unterbrechung zu essen.

Und wenn dann alle auch noch so lange sitzen bleiben, bis der oder die Letzte am Tisch fertig gegessen hat, und man auch erst dann mit dem Abräumen beginnt, dann haben gewiss alle ein sehr angenehmes, gelungenes Tischszenario erlebt. Zum gepflegten Essen braucht man insgesamt etwas mehr Zeit als zum "Mampfen". Nur Tiere wie z.B. Krokodile schlingen ihre Beute unzerkaut in sich hinein.

Und nochmals, weil es so wichtig ist:
> Die kultiviert verbrachte Essenszeit gehört ausschließlich (in Worten: "nur"!) dem Essen und Trinken sowie dem gemeinsamen ruhigen Dialog und gedämpfter Hintergrundmusik.

Die guten Essmanieren mancher Menschen zeigen sich schon beim Aufladen am kalten Buffet. Die Erkenntnis, dass die Jagd auf das Getier, das da angeboten wird, und auch die Ernte des dazu gereichten Gemüses und der dargebotenen Salate schon lange vorbei ist, scheint mancherorts nicht angekommen zu sein. Auch dürfte unbekannt sein, dass von diesem Getier und jenem

Gemüse in der Küche noch reichlich vorhanden ist.

Angesichts mancher Beuteteller fragt man sich auch, warum sich der Koch wohl bemüht hat, die einzelnen Speisen voneinander zu trennen und gefällig anzurichten. Andererseits ermöglicht er damit individuell gestaltete Kunterbuntas von Fisch und Fleisch und kalt und warm, garniert mit Salat und der als Abschluss gedachten Mehlspeise oben drauf. War's gut, hat es geschmeckt? Na ja, im Vorjahr war es besser, es wird ja überall gespart.

Wie merkt man übrigens, dass eine eilige Reisegruppe vorher am Buffet gewesen ist? Das merkt man daran, dass sich das Buffet so präsentiert, als sei jemand mit einem Eisenrechen durchgefahren oder die Schlacht von Waterloo sei symbolisch nachgestellt worden.

Ein schön gedeckter Tisch, ein stilvolles Picknick an einem schattigen Plätzchen,... Viel Stilvolles ohne überbordenden Aufwand ist möglich, etwas Phantasie kann ruhig ebenfalls eine Rolle spielen.

Gepflegtes Essen ist besonders innerhalb der Familie wichtig. Daher sollte eine Familie zumindest ein Mal pro Tag zum gemeinsamen Mahl zusammenkommen und sich gegenseitig über seine Erlebnisse an diesem Tag austauschen.

Mit Dauertelefonieren, Zeitung lesen, Hast, Hetze ist gepflegtes Essen also kaum vereinbar. Auch Unarten wie in die Serviette schneuzen (Bill Clinton hat es anlässlich eines Galadinners zu seinen Ehren vorgeführt!), pubsen, rülpsen etc. fördern kaum den gewollten stilvollen Eindruck. Das richtige Handhaben des Bestecks - bei gefühlt überbordender Auswahl von außen nach innen - kann man ebenso lernen wie edle Körperhaltung beim Essen. Einmal sagte ein Kunde zu mir: "Wir haben jetzt einen neuen jungen Techniker eingestellt, tolles Wissen, aber zum Abendessen mit einem Kunden gehe ich lieber alleine, da bleibt der in der Firma!"

Wer es gewohnt ist, dem Thema "Essen" kultiviert zu begegnen, der wird sich nie wieder abspeisen lassen. Die beruhigende Wirkung eines gepflegten Mahles ist hinlänglich bekannt, Geist und Seele atmen entspannt auf. Stilvolles Essen steigert insgesamt das eigene Anspruchsniveau an Stil und an die Umgebungsbedingungen und besonders an das umgebende Benimmumfeld.

1.10 Geschwister

Geschwister hat man entweder oder man muss auf sie verzichten. Man wird mit ihnen ohne eigenen Einfluss und ohne eigenes Zutun entweder konfrontiert oder auch beglückt, je nachdem. Es ist schön und spannend, dass sie ganz einfach da sind. Es gibt genau sie und es gibt auch keine anderen. Und das ist auch gut so.

Häufig ist es nur eine Schwester oder nur ein Bruder, aber es können natürlich auch mehrere sein. Seltener aber doch auch gibt es Geschwister als Doppel- und Dreifachausführung desselben Alters, Zwillinge oder Drillinge genannt.

Durch Veränderung in der persönlichen Konstellation des Elternpaares z.b. durch Trennung mit nachfolgender Neuorientierung kommt es auch vor, dass sich die Geschwisterzahl sozusagen mit einem Schlag um 1, oder 2 oder 3 erhöht, wenn sich auf der Elternebene eine neue Partnerschaft etabliert hat und im Zuge dieser neuen Partnerschaft andere Kinder in das bisherige untereinander über Jahre entwickelte und hinreichend abgeklärte kindliche bzw. jugendliche systemische Beziehungsgeflecht eingebracht werden.

Solche Prozesse generieren mitunter erheblichen systemischen Stress. Denn es handelt sich zwar um keine leiblichen Geschwister, aber es wird seitens der nun maßgeblichen Familienoberhäupter mit gewissem Recht erwartet, dass man nun auch mit den "Neuen" einigermaßen gut auskommt. Übrigens geht es der anderen Seite ähnlich und es tauchen auch dort dieselben Fragen und Unsicherheiten auf. In dieser heiklen Lage ist das neu formierte Elternkonstrukt intensiv gefordert. Das gilt vor allem dann, wenn ein bisheriges Einzelkind mit neuen und noch dazu mehreren Geschwistern konfrontiert wird.

Manche Geschwister vertragen sich übrigens von Haus aus miteinander, manche haben damit so ihre Probleme. Das kann auch abhängig vom Lebensalter und der damit möglicherweise hochkommenden jugendlichen (Schein-)Weisheit sein.

Kritisch wird es dann, wenn das liebste Spielzeug plötzlich von angeblich missgünstigen und rücksichtslosen Geschwistern in Beschlag genommen wird. Das setzt sich dann im späteren Leben mit Kleidern, Blusen, Pullovern, Schmuck und Schuhen etc. bei den jungen Damen und Fahrzeugen sowie Sportgeräten aller Art bei den Herren fort. In vielen Herz-Schmerz-Filmen thematisiert eskaliert so etwas manchmal (hoffentlich nicht) im Kampf um einen Partner oder eine Partnerin.

Wenn einzelne Geschwister lauter weinen als man selbst, dann werden diese an vorderer Stelle wahrgenommen und getröstet. Man lernt daraus selbst etwas nachzulegen um ebenso gehört zu werden! Bei mehreren Geschwistern steigt außerdem die Wahrscheinlichkeit, dass die von Vater, Mutter, Tanten, Onkeln etc. beabsichtigte bzw. praktizierte objektive Gleichbehandlung auf der Empfängerseite subjektiv ganz anders erlebt wird.

So ein bis zwei Geschwister zu haben, kann ganz nett sein. Werden es mehr, dann kann es in der Truppe jedoch mitunter ordentlich rumoren. Aber man lernt ja auch so nebenbei Wichtiges für das Leben im Erwachsenenalter. Gelernt bzw. gefestigt und trainiert werden jedenfalls unter anderem die folgenden Fähigkeiten: Streiten, organisieren, beschützen, teilen, kämpfen, helfen, miteinander im Team agieren (Muttertag!), miteinander musizieren.

Bei vorhandener Harmonie unter den Geschwistern ist jederzeitige gegenseitige Hilfestellung zu erwarten. Im anderen Fall... na ja.

1.11 Musiker und Komponisten

Man sagt gerne, dass die Musiker jene sind, die durch ihren Proberaum ins Gasthaus gehen. Aber ich bin fest davon überzeugt, dass es sich hier um eine unbewiesene Unterstellung handelt, die jeder wissenschaftlichen Grundlage entbehrt. Jedenfalls geht die Seele auf, Musizieren bereitet zumindest den Musikanten immer Freude, vor allem dann, wenn sie das gerne tun und vielleicht sogar ein paar Münzen dabei herausspringen.

Eine Musikerin oder ein Musiker entsteht einerseits durch Zwang, wenn sich nämlich die Eltern einbilden, dass der Sohn oder die Tochter gegen dessen bzw. deren eigenen Willen und /oder trotz offensichtlicher Unmusikalität unter Zwang unbedingt ein Musikinstrument erlernen soll. Gestartet wird gerne mit Blockflöte, aber damit lässt sich beim besten Willen keine U-Musik so nachspielen, wie sie tagein tagaus aus dem Radio dudelt. Dieses gerne als "uncool" eingestufte Manko kann die Akzeptanz des Instruments einerseits und des gesamten Musikunterrichts andererseits auf Schülerseite mitunter erheblich dämpfen.

Im günstigsten Fall entwickelt sich aus der zunächst kindlichen Abwehrhaltung heraus eine mehr oder minder tiefe Zuwendung zum gewählten Instrument. Dies gelingt dann, wenn kindgerechter Musikunterricht zuteil wird und sich das Kind in den zu erlernenden Musikstücken wieder findet. Wird diese Regel nicht befolgt, dann wird der Musikunterricht sowohl für das Kind, als auch für die Eltern und den Musiklehrer zu einer einzigen Qual, anstatt mit dem Musizieren sich selbst und anderen Freude zu bereiten.

Nun kann im Kind selbst der Wunsch entstehen, so auftreten zu können wie der /die da z.B. im Fernsehen. In solchen Fällen liegt es nun an den Eltern, dieses Bestreben wahrzunehmen und für eine solche Willensäußerung zunächst einmal ehrlich dankbar zu sein. Dies auch unter dem Aspekt, dass die auslösende bzw. angestrebte Künstlerpersönlichkeit vom elterlich positiv bewerteten Idealtypus markant abweicht und als "shocking" empfunden wird.

Wichtig ist jedenfalls, dass man schon als Kind mit Freude und ohne überzogene Qualitätsansprüche musiziert. Dies ist die beste Grundlage dafür, dass aktives Musizieren im künftigen Leben eine wichtige Rolle spielen wird.

Musiker gibt es z.B. als Alleinunterhalter. Sie heißen deswegen so, weil sie alleine auftreten und dabei einige bis viele Menschen unterhalten. Für die Behauptung, dass sich manche Alleinunterhalter mit ihrem Auftritt nur selbst unterhalten und sie nur deswegen Alleinunterhalter heißen, fehlt eine statistisch fundierte Datenbasis. In Zweifachausfertigung nennt man sie Duo oder Duett, dann gibt es sie als Trio (logisch, aber dennoch falsch wäre die Bezeichnung: Triett!), Quartett, Quintett, Sextett. Logisch richtig hätte es wohl "Sechstett" heißen sollen, aber "Sextett" klingt einfach lustiger und beflügelt die Phantasie zusätzlich. Ab dann ist man schon fast eine Bigband, und munter geht es dann weiter bis zum Symphonieorchester. Leute, die in einer größeren Gruppe ohne nennenswerte instrumentale Unterstützung agieren, bilden übrigens einen Chor.

Ab welcher Gruppengröße eine Dirigentin oder ein Dirigent nötig ist, ist statistisch weitgehend unerforscht. Jedenfalls kann der beste Dirigent im Konzert trotz allerüppigster Zeichengebung aus dem Orchester oder aus dem Chor nicht mehr herausholen, als er vorher während der Proben hineinerarbeitet hat.

Musiker sind im Normalfall multifunktional einsetzbare Instrument- oder Stimmakrobaten für nahezu alle Gelegenheiten. Überall, wo es lustig zugeht, sind die Musikanten meistens ganz nah.

Es können ernste Gehörschäden auftreten, und zwar abhängig von der Stilrichtung bzw. vom

Platz im Orchester und natürlich vom Instrument, das man selbst spielt bzw. das in unmittelbarer Nähe gespielt wird. Zu wenig Schlaf, zu viel Alkohol, zu viel Nikotin (vielleicht auch Drogen) kann das Musikantendasein negativ beeinträchtigen. Manchmal wird auch behauptet, dass es zusätzlich zu viele Frauen gäbe, aber das übersteigt zumeist das Budget der Durchschnittsmusikanten, denn nur die Stars verdienen gutes Geld.

Gemeinsam musizieren hat schon was, vor allem dann, wenn man mit guten MusikerInnen zusammen spielt oder singt. Sie sollten ihr Musikinstrument und / ihre Singstimme zumindest einigermaßen gut beherrschen und zuverlässig heraushören, wenn sie selbst oder jemand anderer falsche Töne loslassen. Und - wie schon vorher erwähnt - könnte es ja nur in Ausnahmefällen sein, dass die Nachbesprechung der soeben beendeten Musikprobe im nahen oder gegenüberliegenden Gasthaus stattfindet. Die Geselligkeit und der Wirt sollen ja schließlich auch hochleben.

Mit anderen Musikanten nur aus vertragsrechtlichen Gründen zusammen spielen oder singen zu müssen kann übrigens sehr hart und stressig werden. Das ist dann zumeist den Profis vorbehalten.

Neben den ausführenden Musikern, dem Komponisten (das ist jener, der die Melodie schreibt) sowie dem Texter und dem Arrangeur (der fügt die restlichen Stimmen zur Melodie hinzu, damit das Ganze auch ordentlich klingt) und den Tontechnikern (das sind keine Töpfer, sondern sie sind für den Sound zuständig) gibt es auch noch die Musikverlage und Manager und Konzertdirektionen. Alle wollen - nachvollziehbar und weitgehend völlig zu Recht - an dem verdienen, was da so gespielt wird. Um das zu gewährleisten, gibt es das Urheberrecht als Grundlage und diffizile Verträge als Auswuchs davon.

Das Urheberrecht gehört übrigens zu den schwierigeren und komplexeren Rechtsmaterien. Sie kennen sicher auch das leicht abgewandelte Lied: "Fuchs, die hast du ganz gestohlen" (im Klartext: "Komponist Fuchs, diese Melodie hast du ganz gestohlen!"). Von einer solchen Aktion ist natürlich niemand erbaut. Egal, ob Melodie, Text, Arrangement oder was immer auch: Das gehört dem jeweiligen Urheber und es sollte ein Akt des Respekts sein, diese Eigentümerschaft gebührend zu beachten.

1.12 Selber machen

Ganz zu Anfang wollte ich dieses wichtige Kapitel "Basteln" taufen, aber während des Schreibens ist mir die gesamte Tragweite dieses Themas bewusst geworden und daher lautet die Überschrift nun so, wie sie eben lautet.

Wenn wir uns hier über das "Selber machen" vulgo "Basteln" bzw. Heimwerken unterhalten, dann haben wir jene kühnen Typen und Typinnen - ja, auch die Damen sind hier mittlerweile mit Hingabe aktiv - vor uns, die wirklich vor nichts zurückschrecken. Man nennt sie übrigens auch Bastler und Bastlerinnen oder aber auch - um es etwas seriöser anzugehen - Heimwerker und Heimwerkerinnen. Der Einfachheit halber und nicht zuletzt auch aus ökonomischen Gründen steht im folgenden Text das Wort "Bastler" als Synonym für Heimwerker, Selbermacher etc.. Und die Damen bitte ich sehr, sich durch das scheinbar unelegante und auch eventuell ein bisschen herabwürdigende Wort "Bastler" genau so wertschätzend angesprochen zu fühlen wie die Herren.

Heimwerken in unserem Sinn ist grob gesprochen der Versuch, auf den ersten Blick ganz einfache Arbeiten unter Verwendung von reichlich Werkzeug und Material so zu erledigen, dass jeder einen qualifizierten Handwerker hinter dem vollendeten Werk vermuten würde, wenn er nicht ganz genau hinschaut.

Bastelaktivitäten tragen vielfältig unterschiedliche Erscheinungsbilder und reichen von der Planung bis zum fertig abgeschlossenen Projekt. Denkbar ist auch das Ausführen einfacher und bastlerseits gerade noch bewältigbarer Projektteile. So kann man etwa die Wände selbst tapezieren und das Tapezieren der Decke dem Profi überlassen.

Einen "Snörebröd"-Bausatz (die Routiniers ahnen schon oder wissen grinsend, dass so etwas wohl nur aus Nordeuropa kommen kann) kunstgerecht zusammenbauen und gegebenenfalls da oder dort mit einem zusätzlichen Blechwinkel stabilisieren oder selbst ein Regal entwerfen, die Teile dafür einkaufen und alles aufbauen, eine Waschmaschine kunstgerecht und vor allem dicht anschließen, eine Steckdose funkenlos installieren, eine Gartenmauer gerade und frostsicher bauen, einen Zaun haltbar streichen - das sind nur einige wenige von vielen klassischen Auftrittsszenarien im Bastlerjahreskreis.

Aber auch das Ausführen diverser Reparaturen oder zumindest das genaue Erforschen und das exakte Beschreiben von Fehlfunktionen und deren möglicher Ursachen sind ganz typische Einsatzfelder.

Noch ein Satz zu den Damen in diesem erlauchten Kreis der Unerschrockenen. Es hat wohl einige Zeit gedauert, bis so manche Verkäufer in den Baumärkten gemerkt haben, dass Frau einen Hammer statt anhand seiner Farbgebung mittlerweile nach technischen Profikriterien einkauft. "Chapeau"! Und es hat auch einige Zeit gedauert, bis so manche angeblich fachkundigen Bastler begriffen haben, dass das fesche junge Mädel hinter dem Informationspult genau wusste, mit welchem Gerät und wie man eine Aluminiumplatte präzise zuschneidet. Ebenso und nochmals "Chapeau"!

Bastler haben auch oft was vom Masochisten. Das äußert sich so, dass ein Bastler, egal ob routiniert oder unroutiniert, jeden Besucher stolz darauf hinweist: "Habe ich gemacht, und das war vielleicht eine Qual!" Na klar doch, nun wird das Werk genau besichtigt und rasch kommt zutage, an welcher Ecke und in welchem Winkel unbedingt murksend getrickst werden musste. Na ja, aber sonst, doch toll und super, oder? Aber doch und jedenfalls: Gespart haben wir erheblich!

Der Kunde bzw. die Kundin eines Bastlers sollte über ein spezielles Ausmaß an Toleranz sowohl hinsichtlich der Ausführungszeit als auch der Ausführungsqualität verfügen. Die Kreativität der Bastler manifestiert sich auch in vielfältigen Ausreden um zu erklären, warum dies und das viel besser anders auszuführen wäre, und warum es aus diesem Grund aber auf gar keinen Fall schon fertig sein kann, und überhaupt. Am besten begegnet man dem Bastler auch in diesem Bereich mit viel Humor oder jedenfalls mit einem übergesunden Maß an Verständnis und vor allem mit überbordender Großzügigkeit. Er tut ja ohnehin alles nur, um zu gefallen.

Auf der Seite des Bastlers ist Demut und Vorsicht angesagt, denn nur dann können die eigenen Grenzen zuverlässig erkannt werden. Ergänzend dazu benötigt Bastler für den fulminanten Start in eine erfolgreiche Bastlerkarriere zumindest feinmotorische Geschick und grundlegendes technisches Verständnis. Unterlegt sollte das sein mit etwas Physik und gesundem Grundverständnis für technische Belastbarkeiten gepaart mit einem Blick und Gefühl für Proportionen und damit für gelungene Optik. Etwas Augenmaß dafür, ob sich das eine oder das andere "ausgehen" könnte, erspart frustrierende Fehlgedanken.

Intensive fachliche Information vor der ersten Inangriffnahme eines neuen, bislang noch nie ausgeführten Projektes ist unabdingbar. Die Akzeptanz für "Learning by Doing" auf der Seite des Bastlerkunden bewegt sich nämlich relativ rasch nach unten gegen Null, sobald sichtbar wird, dass dem Bastler das Ganze etwas "zu steil" werden könnte.

Unter anderem bietet das Internet eine solide Informationsbasis. Mit etwas technischem Verständnis ist man jederzeit in der Lage, belastbare und vernünftige von blödsinnigen als Video präsentierten Anleitungen zu unterscheiden, denn im Internet ist ja bekanntlich alles möglich.

Schon alleine um auf dem Laufenden zu bleiben empfiehlt sich zumindest ein Baumarktbesuch pro Woche. Viele Baumärkte bieten auch Heimwerkerkurse als Serviceleistung an. Auch diese bieten eine gute Gelegenheit, sich seiner Bastelgrenzen bewusst zu werden und z.b. doch lieber auf die Selbstmontage einer Vorhangschiene in drei Metern Höhe zu verzichten oder die großen, teuren keramischen Fliesen besser doch vom Fachmann verlegen zu lassen.

Die Erfahrung zeigt, dass sich Bastelvorgänge häufig unerwartet in die Länge ziehen. Denn der Profi will fertig werden, damit er eine Rechnung schreiben kann. Diese Belohnung ist dem Bastler verwehrt, daher spürt er aus dieser Richtung keinen wie immer gearteten Druck. Statt dessen kommen Antriebe zum Fertigstellen in aller Regel aus der Richtung der heiß geliebten Gattin bzw. Lebenspartnerin, die die umfassende Baustelle im Wohnzimmer, ausgestattet mit hydraulischem Bohrhammer, Bohrmaschine, Kreissäge, Akkuschrauber und den vielen Nägeln, Schrauben und Leisten endlich wieder geräumt sehen und das neue Regal genau so endlich einräumen und damit endlich in Betrieb nehmen möchte. Wohl dem Bastler, der über eine eigene Kellerwerkstatt verfügt. Aber um das Regal fertig aufzubauen ist dennoch erstaunlicherweise nach wie vor die freudig und schwungvoll bewegte Hand des Bastlers unbedingt notwendig.

Wenn Dritte mit dem Ergebnis des Bastelprozesses beglückt werden sollen, ist es jedenfalls angebracht, sie vorher zumindest zur Mitwirkung am Gestaltungsprozess der Problemlösung einzuladen. Ansonsten droht unverständliches Unverständnis der Bebastelten und Frust beim Bastler, zumal Bastler in ihrem Überschwang auch unkonventionelle Lösungen besonders gerne und spontan ohne Rückfrage umsetzen.

Die bastlerischen Fähigkeiten verhalten sich in aller Regel umgekehrt proportional zum Grad der Schonung des Geldbeutels. Je nach den Unfähigkeiten des Bastlers können diverse unerwartete Sanierungskosten die vermeintlichen Kostenersparnisse nämlich übermäßig auffressen. Der Bastler weiß andererseits auch später jederzeit vielleicht noch, wo und wie er welche Schraube eingesetzt hat. Er kann daher unverzüglich und wird auch jederzeit sofort einschreiten, wenn die Funktionsfähigkeit eines seiner Bastelergebnisse aus welchen Gründen auch immer zunächst fast unmerklich schwinden und schließlich komplett abhanden kommen sollte. Dem Bastler wird auch jederzeit hoch angerechnet wenn es ihm gelingt, z.b. sein Regalwerk unmittelbar vor dem Zerschellen auf dem teuren Konzertflügel im Wege einer reaktionsschnellen und genialen Meisterleistung gerade noch vor dem Um- oder Absturz zu bewahren.

Moderne Bastelmaschinen oder auch schon ein falsch angesetzter Schraubenzieher können verletzende Wirkungen entfalten oder auch beigestelltes Material ruinieren. Davon können auch Gegenstände betroffen sein, die ursprünglich mit dem aktuellen Bastelvorgang absolut nichts zu tun hatten nun die nun per Zufall in den Bastelprozess einbezogen werden. Mangels Haftpflichtversicherung kann das teuer werden. Solche Aktionen geben auch immer wieder Stoff für erheiternde Kabarettszenen. Dies gilt besonders für das unbedarfte Hantieren mit langen Leitern.

Doch Vorsicht! Wer z.B. in seiner Wohnung für andere tischlert bzw. schreinert, wird es zunehmend schwerer haben, den Frieden mit seinen Nachbarn aufrecht zu erhalten. Alleine schon das immer wiederkehrende Abschleifen und Abbeizen von Altmöbeln z.B. in einem handtuchgroßen Reihenhausgarten kann das Anheben der nachbarlichen Augenbrauen zur Folge haben. Auch das Reparieren fremder Fahrzeuge auf dem eigenen Tiefgaragenplatz sollte man tunlichst vermeiden.

Ein routinierter Bastler findet übrigens immer etwas, wohin er greifen kann um seine gestaltende, aufbauende oder sanierende Wirkung zu entfalten. Dies unterscheidet ihn - ob wohltuend oder nicht ist eine ganz andere Frage - vom professionellen Handwerker, der meistens nur dort hinlangt und das ausführt, wozu er einen Auftrag hat.

Bastler streben die Wertschätzung ihrer Umgebung an, denn sie leben gewissermaßen davon. So weit, so gut. Aber nur bis zu einem gewissen Grad wird diese Wertschätzung bastlerseitig als recht wohltuend erlebt. Es kann nämlich unter Umständen dazu kommen, dass er sich ob seiner Tüchtigkeit mit (zu) vielen Gratisaufträgen konfrontiert sieht. Manchen fällt dann mitunter das emotional gesteuerte und charmantere "Ja" zu einem neuen Auftrag leichter als das rational richtigere "Nein".

Übrigens: Das Wort "Montage" bezieht sich auf die reine Tätigkeit! Wer meint, damit seien Wochentage gemeint, der wird sofort eines Besseren belehrt, wenn auch Dienstage für Montage genützt werden. Daher arbeiten z.B. Montagetischler auch an allen anderen Werktagen anstatt über zu viel Freizeit zu verfügen.

1.13 Selbständigkeit

Sie kennen diesen Ausspruch bestimmt: Selbständigkeit bedeutet, sich selbst die Arbeit anzuschaffen und ständig zu arbeiten. Gemeint ist hier der selbständige Unternehmer, die selbständige Unternehmerin als Gegenpol zum Dasein als Angestellte(r) mit stolz hergezeigtem, weil unbefristetem Dienstvertrag. Aber der ist nur scheinbar unbefristet!

Wieso nur "scheinbar" unbefristet? Mein Dienstvertrag ist doch "unbefristet", oder? Na, dann öffnen wir unsere Augen und schauen wir der Realität fröhlich ins Gesicht.

Wie viele Unternehmen sind in den letzten Jahren verkauft, filettiert, weiter verkauft worden? Wie viele Unternehmen wurden insolvent? Wie viele Unternehmen wurden umstrukturiert, bzw. "umgesteuert", wie es im betriebswirtschaftlichen Controller- oder GEO-Hochdeutsch heißt? Wie viele Unternehmen haben den Sitz ihrer Verwaltung oder ihrer Fertigung weit genug weg verlegt, um teure Mitarbeiter quasi abzuschütteln indem man sie faktisch zur Selbstkündigung gezwungen hat? Wie viele dort ehemals unbefristet angestellte Mitarbeiter und Mitarbeiterinnen haben ihre Jobs durch solche Maßnahmen verloren und sich im besten Fall in einer Sozialmaßnahme wieder gefunden? Aha, das Licht ist an, die Erkenntnis ebenso: "Nix ist fix", wie ein Song von Rainhard Fendrich titelt. Im Zweifel ist also nix wirklich "unbefristet".

Das einzige Dienstverhältnis, das wirklich unbefristet war, war das des pragmatisierten österreichischen Verwaltungsbeamten. Da musste schon wirklich sehr Gröberes geschehen sein um auf dessen Dienste zu verzichten. Aber solche komfortablen Dienstverhältnisse sind schon lange Geschichte.

Im materiellen Kern geht es doch darum, langfristig betrachtet ein so hohes stabiles Nettoeinkommen zur Verfügung zu haben, dass man davon ordentlich leben kann. Wo die Grenze nach oben zu "außerordentlich" liegt und die Grenze nach unten zu "unmöglich" liegt, soll jeder für sich selbst bestimmen.

Unter diesen Aspekten gewinnt der Status der Selbständigkeit einiges an Reiz. Selbständigkeit ist zwar verbunden mit einigen Risiken aber auch mit allen Freuden, selbst denken und bestimmen zu dürfen und sich nach Belieben weiter zu entwickeln. Wer lieber ein Leben in positiver Freiheit verbringen möchte anstatt ein Leben in permanenter Angst um seinen Job sollte etwas Energie in eine solche Überlegung investieren.

Neben dem Mut gegen den Strom zu schwimmen gibt es zwei wichtige Voraussetzungen für den Schritt in die Selbständigkeit. Auf der emotionalen Seite ist es die Fähigkeit auf andere mit Freude und positiver Stimmung zuzugehen und Netzwerke aufzubauen und zu pflegen. Auf der rationalen Seite ist es der Expertenstatus, der zu konstanter bzw. steigender Nachfrage nach angebotenen Leistungen führt. Die Devise lautet: Fast kostenlose Weiterempfehlung statt teurer Werbung.

Der Expertenstatus hat seine Basis im vital ausgeprägten Interesse des angehenden Unternehmers an einem bestimmten Thema und dem aus diesem Interesse heraus resultierenden unbeugsamen Willen, dem Markt entweder eine bislang unbekannte oder eine so stark verbesserte Problemlösung anzubieten, dass alle anderen erstaunt mit den Ohren schlackern.

Zur Bestätigung dieser These kann jede(r) in sich hineinschauen und sein eigenes Konsumverhalten betrachten. Man geht doch in erster Linie zu emotional nahe stehenden Menschen (persönliches Netzwerk), von denen man glaubt, dass sie so viel wissen, das sie einem weiter helfen können (Experten)? Und / oder man geht zu Experten, die von emotional nahe stehenden Menschen empfohlen worden sind. Aha, na klar, so läuft das, und zwar langfristig stabil!

Seinen eigenen Expertenstatus zu kommunizieren funktioniert heute technisch relativ einfach und zu vergleichsweise sehr vertretbaren Kosten, es bedeutet aber auch viel zusätzliche Arbeit. Adressen sind zu speichern, interessante Newsletter müssen periodisch formuliert werden. Emotional könnte es da jedoch die Hürde geben, weil man von sowieso nur das Beste wollenden Umgebungsintelligenzlern dann gerne als "Angeber(in)" abqualifiziert wird. Ist aber egal, sollen sie doch! Denn das ist auch ein wichtiger Hinweis darauf, dass die eigenen Kommunikationsbemühungen - zwar von den falschen Leuten, aber immerhin - wahrgenommen werden. Der eigene Erfolg kann den Neid anderer Menschen auslösen. Aber daran sind die Neider selbst schuld.

Vom Einzelpersonenunternehmen (EPU) bis zum großen Unternehmen ist alles möglich. Manchmal funktioniert der Einstieg unglaublich rasch, häufig aber gestaltet sich das Ganze doch ziemlich zähe. Hat man es aber einmal geschafft, dass man von anderen Experten oder zufriedenen Kunden weiter empfohlen wird, dann ist eine der wichtigsten Einstiegshürden bereits übersprungen. Die oben genannten Parameter - Mut, die Fähigkeit zum Netzwerken, außerordentliches Interesse an einem bestimmten Thema, Freude am Expertenstatus - sind essentiell für erfolgreiches Unternehmertum. Das alles wird leider nirgends gelehrt und trainiert, in leistungsfernen Schichten ist so etwas sowieso schlichtweg verpönt. Darum kann sich in Gesellschaftsbereichen, in denen jemand, der Leistung anstrebt, schräg von oben verächtlich als Streber abqualifiziert wird, kaum Pioniergeist statt einförmigem Durchschnitt entwickeln. Dazu kommt, dass Netzwerken nur allzu leicht in den Bereich der "Freunderlwirtschaft" oder noch ärger, vielfach sogar ohne konkreten Anlass in den Bereich der Korruption verschoben wird.

Wir kommen an dieser Stelle wieder zurück zum Thema "Bildung". Milliardeninvestitionen in Ausbildungsvorgänge verpuffen sinnlos, wenn man vergisst darauf zu achten, dass Leistung und Pioniergeist in der Gesellschaft positiv bewertet werden und daher mit hohen Prestigewerten ausgestattet sind.

Es sollte sich insgesamt gesehen nur jemand selbständig machen sollte, der über die genannten Voraussetzungen verfügt. Er soll darüber hinaus als Mitglied einer leistungsfernen Gesellschaft in der Lage sein, Ausgrenzung auszuhalten. Mutige wechseln auch in eine dem Leistungsgedanken affinere Gesellschaftsschicht oder die ganz Mutigen wandern im Extremfall sogar aus.

Gelegentlich hört man: "Ich habe keinen Job, daher gehe ich also als blabla". Mit dieser Einstellung wird der Aufbau eines erfolgreichen Unternehmens ziemlich schwierig werden. Denn das "Unternehmersein" unterscheidet sich markant von der Rolle in einer Faschingsveranstaltung.

Ein Unternehmen geht immer an Kapitalmangel zugrunde, aber nie sofort aufgrund einer temporären Ertragsdelle. Es kann nun sein, dass trotz heroischen Einsatzes die Bank sagt, die Ertragslage sei nicht ausreichend und die Liquidität sei daher angespannt. Solche Aussagen sind untrügliche Zeichen dafür, dass entweder der Netzwerkaspekt unterentwickelt ist und dass daher der Expertenstatus unsichtbar bleibt, oder dass bei funktionierendem Netzwerken der Expertenstatus weitgehend fehlt. Fehlt beides, na ja, dann......

Die eigene Freude über das Erreichte lässt die Mühen genau so vergessen wie den Ärger über Bürokratie, den Frust über manchmal fehlende kaufwillige Kunden, die Angst vor dem Finanzamt und vor der Sozialversicherung und das Unverständnis einer zaudernden Hausbank. Lohn für die Mühen ist sicher auch der Neid der leistungsfernen Umgebung, den man sich bekanntlich hart erarbeiten musste.

Selbständigsein verträgt sich kaum mit Existenzangst und der damit verbundenen Sehnsucht nach der (Schein-)Sicherheit eines unbefristeten Dienstvertrages. Weiters schließen sich das Selbständigsein und die Meinung, dass sich alleine aufopfernde Pflichterfüllung langfristig auszahle, gegenseitig aus. Es gibt auch kaum erfolgreiche Halb-, Viertel- oder Dreiviertelselbständige. Der Grund dafür liegt in der fehlenden Gesamtausrichtung der einem Menschen innewohnenden mentalen Kräfte. Daher lautet die Devise: Entweder ganz selbständig oder lieber bleiben lassen.

Wer einmal die Weite des Ozeans erlebt hat und den Ozean erfolgreich befahren hat bzw. mit dieser Weite gut umgehen konnte, der wird es kaum mehr am Rand einer kleinen Pfütze aushalten. So oder sehr ähnlich verhält es sich mit dem selbständigen Unternehmertum. Wer einmal selbständig gewesen ist, der findet kaum wieder in einen Job als Angestellte(r) zurück ohne dass ein seelischer Knacks hängen bleibt.

1.14 Tanzkurs

Hm-ta-ta, hm-ta-ta geht der Rechtswalzer, da-hm-hm, da-hm-hm geht der Linkswalzer. Weil sich die Verhältnisse in der Praxis aber doch etwas anders darstellen, schauen wir mal genau hinein auf den Tanzboden.

Damit wir klarstellen, worum es geht. "Taktlosigkeit" und "außerhalb des Takts tanzen" sind zwei grundlegend verschiedene Themen. Wiewohl auch beim Tanzen erstgenannte Taktlosigkeiten gelegentlich vorkommen, so befassen wir uns hier ausschließlich mit dem meist ungewollten und daher anschließend auch meist unbemerkten Auseinandergleiten von Schritten und Takten.

Wenn schon der Grundrhythmus falsch erkannt wird, dann gelingt das tänzerische Bewegen nach dem Rhythmus - wenn sie gelingt - rein zufällig. Hinterhältige Musiker spielen auch gelegentlich ein Stück im 5/4-Takt. Das klingt zwar auf das erste Hinhören wie ein Walzer, aber beim Tanzen stellt sich dann rasch heraus, dass da etwas unheimlich Unfühlbares "im Busch" sein muss.

Alleine schon das Wort "Rhythmus" lässt übrigens durch seine die ungeteilte Aufmerksamkeit fordernde Schreibweise erahnen, welche Probleme da auf einen zukommen können. Die Fähigkeit einen Dreivierteltakt von einem Vierviertel takt zu unterscheiden ist eine unabdingbare Grundvoraussetzung dafür, sich überhaupt mit dem Vergnügen des Tanzens - so ferne das beiderseitig als Vergnügen empfunden wird - zu beschäftigen. Wenn man dann noch die verschieden Dreier- und Viererrhythmen auseinander halten kann, hat man fast schon das Zertifikat der Tanzbodenreife für den ersten Grundkurs in der Tasche.

Mal zog sie ihn, mal schob er sie oder auch umgekehrt. Immer wieder wird erzählt, dass sich eher die Herren bitten lassen, doch endlich auch einmal einen Tanzkurs zu besuchen und dass die Damen viel eher bereit sind, sich zur Musik zu bewegen. Meine Herren, machen Sie mit! Vielleicht wird Ihnen beim nächsten Fußballspiel der Vortritt vor einem ansonsten wirklich alternativlosen Herz- und Schmerzfilm gewährt.

Es gibt "Tu-nie"-Tänzer und -tänzerinnen und am anderen Ende der Skala die Turniertänzer und -tänzerinnen. Wenn man übrigens das Präfix "Tunie" schlampig ausspricht, dann klingt das je nach gesprochenem deutschem Dialekt dem Präfix "Turnier" ziemlich ähnlich.

Zwischen "Tu nie" und "Turnier" bewegt sich jedenfalls das tänzerische Fußvolk mehr oder minder gekonnt über die Tanzfläche. Der Einsatz separater Tanzschuhe unterstreicht dabei die Ambitionen des betreffenden Tanzpaares und wirkt sich positiv imagebildend auf Bällen und sonstigen Tanzveranstaltungen aus. Apropos Tanzen auf Bällen und auf anderen engen Tanzflächen. Im Kegelsport gilt folgende Regel: "Kegle sanft und nicht als Flegel, sonst verdirbst Du Bahn und Kegel". Diesen einfachen Satz mögen sich entsprechend abgewandelt so manche Brutaltänzer zyklisch in Erinnerung rufen. Ob es auch Brutaltänzerinnen gibt, ist unbekannt.

Rhythmus und Tempo sind zwei verschiedene Begriffe. Man kann sehr wohl Tanzschritte viel langsamer als im Originaltempo einüben, jedoch sollte das möglichst bald und ab dann immer im richtigen Rhythmus geschehen. Es wäre falsch, sich beim Üben einen falschen Rhythmus anzutrainieren, der später wieder mühsam zugunsten des richtigen Timings entlernt werden muss. Das richtige Tempo kommt dann fast wie von selbst, wenn der Bewegungsablauf irgendwo auf der Festplatte im Gehirn oder im Rückenmark dauerhaft abgespeichert ist.

Ein Tanzkurs heute unterscheidet sich erheblich von den Tanzschulkursen, an denen ich am Ende der 60-er Jahre des vorigen Jahrhunderts teilzunehmen die Ehre hatte. Damals (=1967) ging es wesentlich förmlicher und steifer zu als heute, und eine Tanzschule verfügte über ein komplett anderes Image als heute (=2017). So steht aktuell die Freude am Tanzen im Vordergrund, während es früher eher um das Vermitteln der Regeln des guten Benehmens und natürlich auch um das Tanzen ging.

Das zeigt sich klarerweise auch im Ambiente und in der technischen Ausstattung einer modernen Tanzschule. Eine nette Bar, eine High-End-Musikanlage, professionelles Licht und genügend Platz sowie auch genügend Parkplätze in möglichst unmittelbarer Nähe werden heute von den Kursteilnehmern und -teilnehmerinnen als selbstverständlich erwartet.

Ein Highlight der damaligen Zeit - und ein Kuriosum aus heutiger Sicht - waren die "Tanzkurse mit dem Ehepaar Fern" im Deutschen Fernsehen, deren Stil vor Förmlichkeit und Steifheit quasi übergequollen ist. Gelacht hat in diesen Fernsehtanzkursen nach meiner Erinnerung niemand. Und wie sittsam da getanzt wurde!

Speziell für Paare werden immer wieder Kurse zum Auffrischen angeboten. Denn die Tanzschulen haben aus dem Manko der ziemlich kurzen

Halbwertszeit der erlernten Schritte und speziell der erlernten Figuren die Konsequenzen gezogen, neue Marktchancen erkannt und konsequent dazu passende Produkte entwickelt. Es ist doch wirklich zu schade um die bislang investierte Zeit und die Mühe.

Grundsätzlich sind Tanzkurse für alle geeignet, denen Musik unter besonderer Berücksichtigung der U-Musik wichtig und vielleicht auch ein Anliegen ist und die sich demzufolge gerne rhythmisch dazu passend bewegen wollen. Die Bewegung zu E-Musik allerdings ist - der Vollständigkeit halber erwähnt - in aller Regel dem Ballett vorbehalten und verschließt sich aus technischen und vielfach auch aus ästhetischen Gründen dem privaten Tanzpaar.

U-Musik-Tanzpaare sollten zueinander so aufgestellt sein, dass sie auch dann noch charmant miteinander reden und lachen können, wenn einem oder einer der beiden ein Fehler passiert oder eine Figur trotz intensiver Hingabe immer wieder misslingt. Tanzen soll ja in erster Linie lustig sein und Freude bereiten.

In Ausnahmefällen kann es durchaus zu schrittgetriggerten Meinungsverschiedenheiten kommen, die dann allerdings in sehr seltenen Fällen auch offen ausgetragen werden. Bestimmend für

Art und Grad der Auseinandersetzung ist wahrscheinlich auch eine offensichtlich ungleiche Verteilung des Ehrgeizniveaus innerhalb des Paares.

Wenn einer der Tanzpartner dem anderen auf die Zehen tritt, kann das neben dem Fehltritt des / der darauf Tretenden auch dadurch verursacht worden sein, dass der /die Betroffene seinen / ihren Fuß unter den richtig bewegten Fuß des anderen gelegt hat. Bei der anschließenden Diskussion sollte auch dieser letzteren Möglichkeit entsprechend Raum gegeben werden.

Abhängig vom Zufriedenheitsniveau des Paares wird sich mehr der weniger rasch ein Gefühl des Genusses einstellen. So über die Tanzfläche zu schweben hat schon was und zieht die Blicke der Nichttänzer an. Auch wenn man mindestens etwas besser tanzen kann als die anderen Paare im Tanzkurs kann das das Selbstwertgefühl schon beträchtlich heben. Das nennt man dann gelebte Relativitätstheorie.

Paare, bei denen große und kleine Körpergröße vorkommen, werden wegen der Divergenz der Schrittlängen (200 cm Körpergröße produziert klarerweise längere Schritte als 160 cm Körpergröße) schon alleine deswegen größere Probleme haben als etwa gleich groß gewachsene Tanzpartner. Aus optischen Gründen empfiehlt es sich außerdem, auf etwa ähnliche Staturgegebenheiten zu achten. Schlank mit schlank oder auch korpulent mit korpulent sieht einfach besser aus als korpulent mit schlank.

1.15 Denken und Querdenken

Was ist wohl schlimmer? Jemand, der dumm ist, und denkt? Jemand, der nach landläufiger Meinung gescheit ist, aber dennoch nicht denkt? Oder gar jemand, der nicht denkt, obwohl er der Meinung ist zu denken?

Legendär waren die Denkwitze eines großen amerikanischen Computerkonzerns mit drei Buchstaben. Diesen werde ich wohl nie vergessen: Da steht ein Handwerker vor einer großen Auslagenscheibe. Er hat einen Hammer und einen Nagel in der Hand und er ist unmittelbar davor ein Schild mit der Aufschrift "Denke!" genau auf diese Glasscheibe zu nageln.

Wie man sieht und dennoch fatal und provokant: Arbeiten behindert uns beim Denken. Denn wer arbeitet und sein Leben lang immer nur pflichtbewusst rackert und schuftet, hat kaum Zeit und die Kraft, neue Gedanken zu entwickeln und sie dann auch noch mit Ausdauer umzusetzen.

Jedes eingerostete, statisch aufgestellte Umfeld wird mit einem Aufschrei - das geht übrigens auch ohne akustische Ausprägung - auf Quergedanken von außen reagieren. Dies besonders dann, wenn das Einbringen dieser Quergedanken vom kreativen Querdenker her unsensibel, ungeduldig und daher vielleicht auch bedrängend erfolgt. Das war noch nie anders, das war immer schon so, und überhaupt! Da könnte ja jeder kommen!

Denker und ganz besonders die Querdenker werden häufig als Sender von Störbotschaften und daher auch als Verursacher für Störungen der (gefährlichen) Ruhe und generell als Unfriedenstifter erlebt. Sie sind begeistert, experimentierfreudig und brauchen ein Umfeld, das ihnen, den Spinnern, zumindest hier und da zumindest halbwegs aufmerksam zuhört. Wird ihnen das geboten, dann sind sie für verwitternden geistigen Beton wirklich eine Gefahr wie Viren versprühende Moskitos.

Querdenken öffnet meist völlig neue Perspektiven. Vielfach werden diese leider als zu neu, zu verunsichernd, zu bedrängend empfunden. In der unternehmerischen Realität werden daher solche neuen Perspektiven zuerst meistens standhaft verdrängt. in der weiteren Folge werden sie dann vielleicht doch aber dann viel zu spät wahrgenommen bzw. sogar anerkannt und dann vielleicht sogar in unternehmerische Planungs-, Entscheidungs- und Gestaltungsprozesse einbezogen. Dies geschieht deswegen so, weil vielfach als dringend empfundene operative Sanierungs-

und / oder Sparmaßnahmen zeitlich vor eine unter Umständen viel wichtigere Neuausrichtung des Unternehmens gereiht werden.

Eine ganz besondere und interessante Rolle spielt der allseits bekannte Vorschlagsbriefkasten. Er hängt oft im Eingangsbereich von Unternehmen, sodass jeder Besucher sieht: "Aha, die sind ganz erpicht auf Innovation". Aber in der Realität kann man auf einen Vorschlagsbriefkasten dann verzichten, wenn die MitarbeiterInnen sowieso offenen Zugang zu ihren Vorgesetzten haben und mit ihnen ihre Anregungen besprechen können.

Generell stelle ich derzeit (2017) eine eklatante Unterversorgung mit Querdenkern und daher mit Quergedanken fest. Die Angst der Entscheider, bei einer Fehlentscheidung ihren so hart erarbeiteten geliebten Chefsessel zu verlieren, und die Angst vor den oft zu allmächtigen Controllern verhindert letzlich breit angelegte Innovation.

Es stimmt natürlich, dass Querdenker manchmal als Spinner verkannt werden. Aber Querdenker wollen weit ausgreifend und voraus denkend spinnen, ihre unkonventionellen Gedanken sollen sprudeln dürfen. Hinter Spinnerei steckt nämlich Kreativität, und die brauchen wir alle in unserer Situation weitgehend gesättigter Märkte ganz dringend. Wenn Querdenker aus Frust mit dem

Querdenken aufhören oder abwandern, weil sie dauerhaft das Gefühl haben gegen eine Wand querzudenken, dann wird es mittelfristig aber sicher langfristig volkswirtschaftlich eng werden. Wachstum gibt es nämlich nur durch Zukauf oder durch Innovation. Irgendwann wird Schluss sein mit Zukauf, sei es wegen fehlender Mittel oder wegen des konsequenten Vorwurfs der Marktbeherrschung. Und spätestens dann wird Schluss sein mit Lustig.

1.16 Ratschläge

Unsere Sprache ist schon bemerkenswert. Denn das Wort "Ratschlag" besteht aus zwei Teilen. Dem im günstigen Fall positiven Anteil, nämlich dem "Rat", folgt dann sofort der "Schlag" im Sinne von "wumm" und "peng". Meist werden Ratschläge direkt verbal und als "gut gemeint" bzw. auch "im Vertrauen" bzw. "unter Freunden" dargebracht. Kennzeichnend ist überwiegend auch der unmittelbare Bezug zu einem konkreten Sachverhalt.

Bedeutend ist auch noch die Überlegung, woher ein bestimmter Ratschlag kommt. Je wichtiger ein Ratgeber für einen bestimmten Menschen ist, desto eher wird der Ratgeber überhaupt gehört oder wahrgenommen oder sogar ernst genommen werden.

Es gibt erbetene Ratschläge und solche, die unerbeten erteilt werden. Wie die Häufigkeitsverteilung zwischen diesen beiden Kategorien aussieht, kann jeder für sich selbst aus seiner eigenen Erfahrung und Wahrnehmung heraus beurteilen. Es kommen aber auch folgende versteckte andere Varianten vor:

- Angebliche Beispiele: "Ich habe da mal gehört, bla bla bla, und die haben dann bla, bla, bla gemacht, und das hat bestens funktioniert!
- Vorschieben von Personen. Beispiel: "Könntest Du mal was zu ihm/ihr sagen, ich habe nicht so einen guten Kontakt, aber... es ist mir halt wichtig. Sie passt wirklich nicht zu ihm, und wie sich die beiden aufführen, also ich meine es ja nuuuuur gut!"
- Offene Fragen, gestellt durch den Ratgeber, können ein interessanter Weg zu einer (neuen) Erkenntnis sein. Wenn der / die mit einer solchen Frage Konfrontierte die Chance ergreift, eine solche Frage für sich selbst konstruktiv zu beantworten, dann kann der Erkenntniswert mitunter erstaunlich hoch sein.

Auf offene Fragen kann man übrigens weder mit "Ja" noch mit "Nein" antworten, sondern sie erfordern - so ferne man sinnvoll antworten will - das Preisgeben einer konkreten Information als adäquate Reaktion. So kann z.B. die Frage: "Können Sie mir sagen, wie spät es ist?" durchaus wahrheitsgemäß mit "Ja" oder mit "Nein" beantwortet werden. Jedoch verlangt die Frage: "Wie spät ist es?" explizit nach einer Information: "Es ist jetzt 12:35".

Die Eigenheiten von Kommunikationsprozessen bringen mit sich, dass die gesendete Botschaft (also der gesendete Ratschlag) beim Empfänger anders ankommen kann, als es der Sender wollte. Wenn nun der Empfänger den Ratschlag so befolgt wie ihn der Empfänger (womöglich falsch) verstanden hat und das Ergebnis liegt meilenweit vom Plan entfernt, dann fällt das nur allzu leicht auf den Ratgeber zurück. Alle Berater wissen davon ein Lied zu singen. Daher ist es bestimmt von Vorteil, Ratschläge als Hinweise zu einer Veränderung gemeinsam mit dem Beratenen zu entwickeln.

Wenn Ratschläge neben einer momentanen Verhaltensänderung auch noch zu neuen, unmittelbar verwertbaren, positiv besetzten Erkenntnissen führen, dann waren es offenbar besonders wertvolle Ratschläge. Denn solche Ratschläge führen meist auch zusätzlich zum Einholen von weiterführenden Informationen durch den Empfänger des Ratschlages und wirken in diesem Sinn anregend und aktivierend.

Auch wenn ein Ratschlag manchmal auf den ersten Blick den Kern des Themas zu verfehlen scheint, so kann er dennoch einen kreativen Prozess auf der Empfängerseite auslösen. Mehrfach geknetet und herumgedreht und vielleicht verknüpft mit anderen, dem Ratgeber unbekannten Ideen, kann auch daraus etwas Zielführendes entstehen.

Mehrfach unbeachtete Ratschläge führen mitunter ganz leicht zum Frust beim Ratgeber. Gefühlte Undankbarkeit oder Desinteresse können dann dazu führen, dass der Ratgeber das Ignorieren des Ratschlags als Abwertung seiner eigenen Person wahrnimmt.

Wer immer wieder unerbetene Ratschläge erteilt, wird rasch als "Besserwisser" abgestempelt. Wesentlich eleganter kann jemand, der glaubt, dies und das zu erkennen bzw. besser zu wissen, zunächst fragen: "Ich habe zu diesem Thema eine Idee. Möchtest Du sie hören?".

1.17 Müssen

Da hörte ich dieser Tage, wie eine Großmutter zu ihrem Enkel sagte: "Jetzt müssen wir noch rasch auf die Mama warten!" Karl Valentin hätte an so einer Formulierung seine helle Freude gehabt, er hat ja einen ähnlichen Satz gesagt: "Du bleibst hier, und zwar sofort!" Es ist schon genial, wie man versucht, Statik sprachlich auf Dynamik umzupolen.

Welch ein Ausdruck: "Schnell müssen"! Ja, ich weiß schon, es gibt eine ganz bestimmte Situation, die man aufgrund seiner guten Erziehung gerne so umschreibt, aber die klammern wir hier bewusst aus.

"Bevor ich jetzt weggehe, muss ich noch schnell die Blumen gießen, das Fenster putzen, da und dort anrufen..." Ja, was wollte man denn nun wirklich? Weggehen (das wollte man ja in diesem Moment) oder all die anderen Dinge erledigen (das hatte man aus welchen anderen Gründen an sich auch schon vorher beabsichtigt).

Viel subtiler geht es allerdings zu, wenn man anerzogene Verhaltensmuster anschaut. Überbordendes Pflichtbewusstsein gepaart mit schlechtem Gewissen, eventuell sogar zusätzlich getragen von der Angst, wegen Nichtleistung ungeliebt zu werden oder zu bleiben, ist ein gut einstudierter Treiber für das Wort "muss". Wenn "Müssen" auch noch explizit oder implizit mit Androhung von Sanktionen wegen Nicht- oder von außen bewerteter Minderleistung verknüpft wird, führt das zu Einschüchterung und fördert die Unfähigkeit zu eigenständigem Denken und Handeln.

Es ist schon erstaunlich, wie krumm sich Menschen legen und intensiv dauernd verbiegen können, nur um Konformität zu wahren und von außen Erwartetes zu erledigen bzw. einer von außen scheinbar auferlegten Erwartungshaltung gerecht zu werden. Wenn man genauer hinschaut und hinterfragt, dann wird man oft bemerken, dass subjektiv im Außen vermutete Erwartungshaltungen kaum existieren. Daher entfällt für das Erfüllen solcher Phantomerwartungshaltungen auch jede Belohnung etwa in Form von spezieller Zuwendung oder gar Liebe.

Ein ganz gefährlicher Satz im Zusammenhang mit "Liebe" lautet: "Du musst mich glücklich machen. Wenn nicht, dann liebst Du mich nicht!" Viele Schlagertexte transportieren diese unglaublich raffinierte und leider sehr manipulative Botschaft. Für sein oder ihr persönliches Glück ist jede(r) Einzelne selbst zuständig. Denn jeder Mensch baut sich seine eigene Welt aus jenen

Werthaltungen, die er für sich als "richtig" und "wahr" angenommen hat. Und nur im Wahrnehmen und Leben dieser Werte kann er glücklich sein.

Statt des "Müssens" übernimmt ein erwachsener Mensch mehr oder minder freiwillig Aufgaben und führt sie nach bestem Wissen und Gewissen aus. Diese Fähigkeit bzw. das Anwenden dieses Freiheitsgrads kann durchaus bereits im Kontakt mit Kindern und Jugendlichen trainiert werden. Kein selbstbewusster erwachsener Mensch wird nämlich ohne Widerstand auf Dauer Situationen hinnehmen, in denen er laufend dies und das tun oder denken muss, weil es jemand anderer (ChefIn, PartnerIn,...) so will. An die Stelle des "muss" tritt dann am besten Übereinstimmung des beiderseitigen Willens.

"Muss" ist fester Bestandteil im erziehlichen Umfeld. "Bevor Du zum Fußballspielen gehst, musst Du noch schnell Deine Hausaufgaben erledigen!" In so einem Fall könnte auch gesagt werden: "Du willst also jetzt zum Fußballspielen gehen. Wann wirst Du dann Deine Hausaufgaben erledigen?". Damit wird aus einer autoritären Anordnung eine miteinander getroffene Vereinbarung. Elegant, oder?

"Muss" eignet sich in der Erwachsenenwelt - wenn überhaupt - nur zum Abwenden von offensichtlichen Gefahren, wenn jemand nicht in der Lage sein sollte, Risiken von sich aus zu erkennen, für sich zu bewerten und dann nach diesen Erkenntnissen zu handeln. Das Wort "Muss" als Gefahrensignal zu bewahren bedeutet, es wirklich nur im Notfall einzusetzen. Inflationäres "muss" wird hingegen als Gefahrensignal untauglich.

Ständig vorrangig das zu denken oder zu tun, was man vermeintlich tun oder denken muss, weil andere das so wollen, lässt den Willen und die Fähigkeit zu Eigenständigkeit langsam schwinden. Damit geht auch Lebensfreude verloren, es wird nichts mehr ausprobiert. Es entsteht hingegen Abhängigkeit und man benötigt ständig jemanden, der einem sagt, wo es lang geht, was und wie das und jenes zu tun ist.

Aber wenn es dann doch für das pflichtbewusste, treue, von außen gesteuerte Denken und Handeln dann doch kleine Leckerlis gibt (Scheinsicherheit, Beförderung, Liebe, Gehaltserhöhung, etc.), dann ist die Welt doch in Ordnung? In der Hundeerziehung macht man das so, dass die Leckerlis sukzessive so lange reduziert werden, bis das Tier die gegebenen Befehle und die verlangten Handlungen gerade noch ausführt. Wollen sie auch so behandelt werden? Wollen Sie auch für Ihren Gehorsam mit einem aus dem Außen zu Unrecht viel zu hoch bewerteten Bettel abgespeist werden?

An dieser Stelle lade ich Sie zu folgendem Experiment ein: Verbannen Sie ganz einfach das Wort "muss" aus Ihrer Kommunikation! Räumen Sie sich und anderen stattdessen die Chance ein, die eigenen Prioritäten selbst zu setzen und mit Ihnen Vereinbarungen zu schließen. Oh, wie läuft doch das Leben plötzlich viel runder, charmanter, stressfreier!

1.18 Positiv denken und formulieren

Positiv denken und formulieren ist etwas ganz anderes als das Schöndenken oder Schönreden eines an sich schlechten Zustands. Jemand, der positiv denkt, wird also einen Zustand, den er subjektiv als schlecht empfindet, auch tatsächlich als "schlecht" bewerten und er wird auch darauf verzichten, einen Zustand als "gut" zu bewerten, obwohl er ihn als "schlecht" empfindet. Er wird aber Formulierungen wie "nicht gut" oder "nicht schlecht" konsequent vermeiden. Auf negativ denkende und negativ formulierende Menschen wirkt ein positiv und somit klar formulierender Mensch daher fordernd und bedrängend, ja vielleicht sogar brutal und wenig rücksichtsvoll.

Positiv denken und formulieren ist ganz einfach umsetzbar, indem man im Gespräch bzw. im Schriftverkehr negative oder verneinende Wörter konsequent vermeidet. Positiv denken und formulieren ist für alle geeignet, die sich selbstverständlich die Freiheit herausnehmen zu sagen, was sein soll oder was sie wollen und die bewusst darauf verzichten zu sagen, was "nicht" sein soll oder was sie "nicht" wollen. Der sprachliche Ausdruck wird dadurch präziser und das eigene Auftreten wird geradliniger. Mit positiv formulierenden Menschen kann man auch jederzeit hart auf hart auf der Sachebene diskutieren ohne dass sie sich deswegen als Menschen erniedrigt oder beleidigt fühlen.

Die Effekte des positiven Denkens und Kommunizierens liegen auf der Hand:

- Bedingt durch positives Formulieren werden Missverständnisse auf ein Minimum reduziert und akute Gefahrenlagen auch wesentlich besser kommuniziert. Wer etwa sagt: "Nicht weiter fahren" anstatt "Stehen bleiben" riskiert, dass das Wort "Nicht" akustisch irgendwie untergeht und dass daher nur "Weiter fahren" gehört und anschließend womöglich mit fatalen Folgen umgesetzt wird.
- Besprechungen und Schriftstücke werden merklich kürzer. Positiv formulierende Menschen verstricken sich kaum in wehleidiges Blabla, sondern sagen im Klartext, was aus ihrer Sicht Sache ist (statt dem, was "nicht" ist).
- Kinder erhalten durch klare positive Kommunikation viel eher für sie leicht verständliche Leitlinien, die sie dann auch leichter umsetzen und einhalten können.
- Auch die Hundeerziehung gelingt leichter. Was soll das arme Tier denn anstellen, wenn ihm befohlen wird: "Nicht stehen bleiben!" In dieser Situation empfiehlt sich das Kommando "Sitz" oder "Leg dich" oder "Stopp" und brav wird der Hund folgen. Viele Tiere haben nämlich ein ausgeprägtes Gespür dafür, ob das Herrl oder das Frauerl wirklich meint, was es

zu wollen vorgibt. Tiere merken das schon am Tonfall.
- In Unternehmen ergeben sich unter Umständen erhebliche Kosteneinsparungen und Verbesserungen im Betriebsklima sowie in den Kontakten zu Außenstehenden. Kürzere Schriftstücke und eingespartes Aufklären unnötiger Missverständnisse vermeiden außerdem beiderseitigen Ärger.

Also, machen Sie es sich leichter und einfacher, denken und kommunizieren Sie am besten ab sofort positiv!

2 Nachwort

Ich hoffe sehr, dass für Sie manches Aha- oder auch Oho-Erlebnis dabei war. Sie werden unter anderem Verwunderung, Bewunderung, Ablehnung, Provokation, Zustimmung, Heiterkeit gespürt haben. Vielleicht werden Sie die eine oder andere Überlegung in Ihr Lebenskonzept einbauen.

Es hat mir selbst - mehr als erwartet - großen Spaß bereitet dieses Buch zu schreiben und dabei im Text gelegentlich schelmisch mit den Augen bzw. mit der Tastatur zu zwinkern. Diesen Spaß konnten Sie hoffentlich ebenso spüren. Hiermit lade ich Sie außerdem herzlich ein, in diesem Buch eventuell doch noch vorhandene negative Formulierungen zu suchen und zu zählen.